KB111460

펀 보카
FUN
VOCA

펀 보카(FUN VOCA)

발행일	2019년 4월 19일		
지은이	Benjamin		
펴낸이	손형국		
펴낸곳	(주)북랩		
편집인	선일영	편집	오경진, 강대건, 최승헌, 최예은, 김경무
디자인	이현수, 김민하, 한수희, 김윤주, 허지혜	제작	박기성, 황동현, 구성우, 장홍석
마케팅	김회란, 박진관, 조하라		
출판등록	2004. 12. 1(제2012-000051호)		
주소	서울시 금천구 가산디지털 1로 168, 우림라이온스밸리 B동 B113, 114호		
홈페이지	www.book.co.kr		
전화번호	(02)2026-5777	팩스	(02)2026-5747

ISBN   979-11-6299-658-4 03740 (종이책)   979-11-6299-659-1 05740 (전자책)

이 도서의 국립중앙도서관 출판예정도서목록(CIP)은 서지정보유통지원시스템 홈페이지(http://seoji.nl.go.kr)와
국가자료공동목록시스템(http://www.nl.go.kr/kolisnet)에서 이용하실 수 있습니다.
(CIP제어번호: CIP2019014442)

(주)북랩 성공출판의 파트너
북랩 홈페이지와 패밀리 사이트에서 다양한 출판 솔루션을 만나 보세요!
홈페이지 book.co.kr • **블로그** blog.naver.com/essaybook • **원고모집** book@book.co.kr

기발한 유머로 배우는 톡톡 튀는 영단어 암기법

펀 보카
FUN
VOCA

● Benjamin 지음

뻔한 보카(VOCA)는 가라!
이제는 펀(FUN)한 보카의 시대다!

단어와 발음을 연상해서 외우는
신개념 영단어 연상 학습 개념서

북랩 **book** Lab

'영어 단어를 가능한 한 정확하게 발음하면서 재미있게 외울 수는 없을까?' 오직 이 한 가지를 염두에 두고 책을 쓰기 시작한 것이 지난여름이었다. "구슬이 서 말이라도 꿰어야 보배다."라는 말을 기억하면서 수많은 영어 단어를 '정확한 발음' 과 '재미'의 실로 하나씩 꿰기 시작했다.

영어 단어 학습과 관련해서 흔히 제시되는 방법은 어원 학습법과 연상 학습법이 있는데 이 책은 굳이 말하자면 후자에 속한다고 할 수 있다. 하지만 이 책은 일반적으로 연상 학습법의 치명적인 약점으로 여겨지는 발음 문제를 최대한 극복했다. 연상 학습법적인 '재미'를 살리는 동시에 가능한 한 '정확한 발음'을 구현한 것이다. 이 책으로 공부한다면 그 누구라도 거의 정확하게 주어진 단어를 발음할 수 있다. 그런 의미에서 처음에는 이 책의 이름을 『바름보카』로 정하려고 했다. 하지만 고민 끝에 결국 『펀 보카(FUN VOCA)』로 결정했다. 영어 단어 학습에서는 발음도 중요하지만, 더 중요한 것은 재미라고 판단했기 때문이다.

"빨리 가려면 혼자 가고, 멀리 가려면 함께 가라."는 아프리카 속담이 있다. 도저히 끝날 것 같지 않던 지난여름의 더위도 마침내 끝이 났고, 도저히 완성될 것 같지 않던 이 책도 새봄을 맞아 완성되었다. 이렇게 먼 길을 올 수 있게 함께 걸어 준 사랑하는 아내와 아들에게 고마움을 전하고 싶다.

일러두기

\# 예문의 밑줄 친 부분들을 이어서 읽으면 주어진 단어의 발음이 된다. 그리고 { }안의 밑줄 친 부분은 그 단어의 강세이다.

ex) **Diary**에 **아**니 누가 설사?!
Diary + 아 → **Diary**아
{diarrh**ea** - 설사}

ex) **Equal**(동등한 것)과 **리**무진이 **bri**dge에서 **엄**청난 속도로 달리다가
마침내 도달한 것은 바로 마음의 평정과 평형?!
Equal + 리 + bri + 엄 → Equal**리**bri엄
{equil**i**brium - 평형}

ex) **제**도의 **너**저분함으로 **fo**reigner들이 **비**정상적으로 **아**주 대놓고
떼거지처럼 들이닥치자 여기저기에서 생긴 외국인 혐오?!
제 + 너 + fo + 비 + 아 → 제너**fo**비아
{xenoph**o**bia - 외국인 혐오}

\# 단어의 의미가 2가지 이상인 경우 예문에서 '…가 가지는 몇
  가지 의미는 다음과 같다'의 형태로 여러 가지 의미를 제시하고,
  그중에서 특히 필수적인 의미 하나를 { }에 제시했다.

\# 단어의 발음을 가지고 만든 예문이 그 단어의 의미와 반드시
  일치하지는 않는다. 주어진 예문은 단어를 좀 더 쉽게 기억할 수
  있도록 편의상 만든 문장에 불과하기 때문이다.

\# 이 책에 정리된 단어들의 발음은 원칙적으로 미국식 발음 위주로
  제시되어 있다.

\# 편의상 예문에서 부정관사를 생략한 경우도 종종 있다.

□ a posteriori

A는 **파스**타에 **tea**, **Ri**chard는 **오**가피주에 **rice**를 선택한 것이 가지는 몇 가지 의미는 다음과 같다. 귀납적인, 귀납적으로, 후천적으로, 후천적인?!

{a posteri**o**ri - 후천적인}

□ a priori

아줌마처럼 **pri**son으로 **오**리라고 예상된 MB(Bachelor of Medicine)가 훔친 보석을 자랑하면서 등장한 사건이 가지는 몇 가지 의미는 다음과 같다. 연역적인, 선천적인, 연역적으로, 선천적으로, 선험적으로, 선험적인?!

{a pri**o**ri - 선험적인}

□ Aaron

Air runs with Aaron?!

{**A**aron - 아론《모세의 형, 유대교 최초의 제사장》}

□ abash

어머니의 **배**에서 **쉬**던 아기가 응가를 하는 것이 가지는 몇 가지 의미는 다음과 같다. 당황하게 하다, 부끄럽게 하다?!

{ab**a**sh - 부끄럽게 하다}

□ abate

어머니가 **ba**by에게 **트**라이앵글을 치자 아기가 울음을 그치는 것이 가지는 몇 가지 의미는 다음과 같다. 누그러뜨리다, 누그러지다, (홍수·폭풍우·노여움 등이) 가라앉다?!

{ab**a**te - (홍수·폭풍우·노여움 등이) 가라앉다}

□ abbey

애비가 들어간 수도원?!

{**ab**bey - 수도원}

□ **abdicate**

앱(app)이 **Dick**과 **Kate**에게 가지는 몇 가지 의미는 다음과 같다. (권리 등을) 버리다, 포기하다, 양위하다, 퇴위하다?!

{**ab**dicate - 퇴위하다}

□ **abdomen**

앱(app)으로 **더 먼** 곳까지 간 이자가 위치한 곳은 복부?!

{**ab**domen - 복부}

□ **abduct**

앱(app)으로 **duck**을 **트**럭에 실어서 유괴하는가?!

{abd**u**ct - 유괴하다}

□ **aberrant**

애를 **버**리고 **run**하면서 **트**라이앵글을 치는 자가 가지는 몇 가지 의미는 다음과 같다. 일탈적인, 정도를 벗어난?!

{**a**berrant - 정도를 벗어난}

□ **abet**

어머니에게 **뱉**지 말고 그냥 삼키라고 아버지가 부추기는가?!

{ab**e**t - 부추기다}

□ **abeyance**

어머니와 **ba**by에게 **언**젠가 **스**님이 준 목탁이 가지는 몇 가지 의미는 다음과 같다. 소유자 미정, 정지, (일시적) 중지?!

{ab**e**yance - (일시적) 중지}

□ abhor

앱(app)으로 **호**색한들이 **어**린 청소년들을 유혹하는 것을 혐오하는가?!
{abh**or** - 혐오하다}

□ abnormal

애가 **브**라인지 **노**브라인지 **멀**리서도 알아보는 것은 비정상적인가?!
{abn**or**mal - 비정상적인}

□ abolish

어머니는 **발**리에서 **쉬**면서 세금만 낭비하는 자들이 만든 법률·제도·조직을 폐지하는가?!
{ab**o**lish - (법률·제도·조직을) 폐지하다}

□ abolition

에로틱하게 **벌리**기를 **shun**하는 여자들이 시도한 것은 남자들이 만든 법률·제도·조직의 폐지?!
{ab**o**l**i**tion - (법률·제도·조직의) 폐지}

□ abomination

어두운 **밤이** **nation**에 내리게 만든 매국노들의 행적은 참으로 가증스러운 것?!
{ab**o**min**a**tion - 가증스러운 것}

□ abortion

어쩌다 **보**니 **shun**하게 된 낙태?!
{ab**o**rtion - 낙태}

□ abrogate

애인은 **브**러시로 **gate**에서 악법을 폐지하는가?!
{**a**brogate - (법령·합의 등을) 폐지하다}

□ absolve

앱(app)으로 **잘**못한 **b**rother가 내민 apple을 받는 행위가 가지는 몇 가지 의미는 다음과 같다. (책임·의무를) 해제하다, (죄를) 용서하다?!

{abs**o**lve - (죄를) 용서하다}

□ abstain

앱(app)으로 **스**님에게 **테**러한 **인**도인에게 소고기가 가지는 몇 가지 의미는 다음과 같다. (투표에서) 기권하다, (특히 자기가 좋아하는 것을 건강·도덕상의 이유로) 자제하다, 삼가다?!

{abst**ai**n - 삼가다}

□ abstruse

App's truth는 **스**스럼없이 난해한가?!

{abstr**u**se - 난해한}

□ absurd

앱(app)을 **써**서 **드**라큘라가 기술적으로 사람들의 피를 빨아먹으니 이 얼마나 우스꽝스럽고 부조리한가?!

{abs**ur**d - 부조리한}

□ absurdity

앱(app)을 **써**서 **더티**한 범죄를 저지르는 자들이 증가하는 것은 현대 기술 사회의 부조리?!

{abs**ur**dity - 부조리}

□ abut

어머니의 **벗**은 몸과 아버지의 벗은 몸이 접촉하듯이 나라·장소 따위가 다른 곳과 인접하는가?!

{ab**u**t - (나라·장소 따위가 다른 곳과) 인접하다}

□ abysmal

<u>어</u>이없는 <u>빚으</u>로 <u>멀</u>쩡하던 나라가 빠진 경기 침체의 늪은 끝없이 깊은가?!

{abysmal - 끝없이 깊은}

□ abyss

<u>어</u>머니의 <u>비스</u>킷이 빠진 심연?!

{abyss - 심연}

□ accomplice

<u>어</u>머니가 <u>캄</u>보디아 <u>플</u>러스 <u>리스</u>본에서 체포한 공범?!

{accomplice - 공범}

□ accrue

<u>어</u>느 <u>크</u>리스마스에 <u>루</u>돌프가 산타클로스의 썰매를 끌게 된 사건이 가지는 몇 가지 의미는 다음과 같다. 누적되다, 축적되다, 자연 증가로 생기다, (결과·이익·이자가) 발생하다?!

{accrue - (결과·이익·이자가) 발생하다}

□ acerbity

<u>어</u>머니의 **ser**vant가 <u>버</u>린 **T**팬티가 가지는 몇 가지 의미는 다음과 같다. 신맛, 신랄함?!

{acerbity - 신랄함}

□ acknowledge

Egg로 <u>날리지</u> 못하고 저질 알만이 가득했던 닭이 바람과 함께 사라진 역사적인 당년(當年)이 가지는 몇 가지 의미는 다음과 같다. 감사를 표하다, (상대에 대해 표정이나 몸짓으로) 아는 척을 하다, (편지·소포 등을) 받았음을 알리다, (자격·사실·잘못·패배 등을) 인정하다?!

{acknowledge - (자격·사실·잘못·패배 등을) 인정하다}

□ acolyte

애국자의 **컬러**(color)는 **light**(빛)요, 매국노의 컬러는 darkness(어둠)라고 말하는 자가 가지는 몇 가지 의미는 다음과 같다. 시종, 조수, (미사 때 신부를 돕는) 복사(服事)?!

{**a**colyte - (미사 때 신부를 돕는) 복사(服事)}

□ acquiesce

애들이 **퀴**즈에서 **S**OS를 치면 같은 학교에서 근무하는 아빠가 수시로 몰래 답을 알려 주고 쌍둥이 성적이 수직 상승하지만 결국 들통이 날 때까지 학교 측에서는 이 같은 부정행위를 숙명적으로 묵인하는가?!

{acqui**e**sce - 묵인하다}

□ acquiescent

애비와 **퀴**즈에서 **애쓴** twins의 성적이 마치 짜고 치는 고스톱처럼 비정상적으로 수직상승했음에도 학교 측에서는 그런 초자연적인 현상은 수시로 발생한다면서 숙명적으로 묵인하는가?!

{acqui**e**scent - 묵인하는}

□ acquittal

어머니는 **퀴**즈에서 **틀**리는 바람에 구금되었다가 아버지의 도움으로 무죄 방면?!

{acqu**i**ttal - 무죄 방면}

□ acumen

Amazingly **cu**te **Mon**day man's acumen?!

{ac**u**men - 날카로운 통찰력}

□ acute

어머니의 **cute** child에게 급작스럽게 일어난 비극이 가지는 몇 가지 의미는 다음과 같다. 예각의, 예리한, 예민한, 급성의, 격심한?!

{ac**u**te - 격심한}

13

□ adage

에디슨이 **지**금까지 위대한 발명을 하게 만든 어머니의 이름이 필요(necessity)라는 사실이 가지는 몇 가지 의미는 다음과 같다. 속담, 금언, 격언?!

{**a**dage - 격언}

□ adamant

애물단지는 **더**럽게 **먼**저 **트**림하려는 점에서 완강한가?!

{**a**damant - 완강한}

□ adaptation

애물단지가 **덥**다고? 〈**태**양을 **이**렇게 **shun**하는 비법〉을 가지고 해야 할 일은 다음과 같다. 적응, 각색?!

{**a**dapt**a**tion - 각색}

□ addict

애물단지 **Dick**은 **트**림 중독자?!

{**a**ddict - 중독자}

□ addle

애들을 볼모로 삼아서 세금을 훔치는 쓰레기들이 교육자 행세를 하는 것이 가지는 몇 가지 의미는 다음과 같다. 썩은, 혼탁한, (달걀 따위가) 썩다, 혼란스럽게 만들다?!

{**a**ddle - 혼란스럽게 만들다}

□ adequate

에디슨이 **quit** 하는 이유가 달걀을 품기 위해서라는 말은 적당한가?!

{**a**dequate - 적당한}

□ adjourn

어전 회의를 하다가 오직 자기 밥그릇 챙기기에 바쁜 간신들 때문에 임금의 머리가 아프게 된 것이 가지는 몇 가지 의미는 다음과 같다. (재판·회의 등을) 중단하다, 자리를 옮기다, (심의 등을) 연기하다, 휴회하다?!

{adjourn - 휴회하다}

□ admonish

Ad로 **많이 쉬**었으니 이제는 연기를 하라고 훈계하는가?!

{admonish - 훈계하다}

□ admonition

Ad도 **money**도 **shun**하라는 훈계?!

{admonition - 훈계}

□ ado

어두운 곳에서 벌어진 소동?!

{ado - 소동}

□ adolescence

애물단지처럼 **덜**렁거리고 **lesson**에서는 **스**승을 연모하기도 하는 사춘기?!

{adolescence - 사춘기}

□ adolescent

애물단지처럼 **덜**렁거리고 **lesson**에서는 **트**림까지 하는 청소년?!

{adolescent - 청소년}

□ adopt

어머니는 **답**답하게 **트**림하는 아이보다는 시원하게 트림하는 아이를 더 좋아한다는 사실이 가지는 몇 가지 의미는 다음과 같다. 채택하다, 입양하다?!

{adopt - 입양하다}

☐ adoption

어리석은 **답**을 **s h u n**하는 것이 가지는 몇 가지 의미는 다음과 같다.
(아이디어·계획 등의) 채택, 입양?!
{ad**o**ption - 입양}

☐ adorn

어른들에게 **돈**이 가지는 몇 가지 의미는 다음과 같다. 광채를 더하다, 장식하다,
꾸미다?!
{ad**o**rn - 꾸미다}

☐ adrenal

어머니는 **dream**에서 **널** 보았다. 거기에서 넌 어디에? 신장 부근?!
{adr**e**nal - 신장 부근의}

☐ adroit

어머니는 **주로 이**렇게 **트**림하는 자들과의 관계에서 적당히 고개를 돌릴 정도로
노련한가?!
{adr**oit** - (특히 대인 관계에서) 노련한}

☐ adulation

애들이 **줄**어들어도 **lady**들이 **shun**하는 것은 여전히 결혼과 동시에 삶을
빈곤하게 만드는 출산이라는 사실! 그들의 지극히 현실적인 선택에 대해
사람들이 쉬지 않고 박수를 친다면 이것이 가지는 몇 가지 의미는 다음과 같다.
지나친 찬사, 아첨, 과찬?!
{adul**a**tion - 과찬}

☐ adultery

어른들이 **덜**거덕거리다가 **털이** 함께 떨어졌다면 십중팔구 간통?!
{ad**u**ltery - 간통}

□ adversity

Ad처럼 **버**려진 **city**에서 시민들이 처한 역경?!

{adv**e**rsity - 역경}

□ aeon

이것들이 **언**제나 주둥이로 배설을 하는 이유는 존재 자체가 똥이기 때문이다. 쓰레기들의 더러운 배설이 끝나기까지 걸리는 세월은 아무리 빨라 봐야 영겁?!

{**ae**on - 영겁(永劫)}

□ affect

어이없는 **fact**ory 폐쇄는 가난한 노동자들의 삶에 치명적인 영향을 미치는가?!

{aff**e**ct - 영향을 미치다}

□ affinity

업히는 **너**의 **T**팬티와 나의 등 사이의 에로틱한 친화력?!

{aff**i**nity - 친화력}

□ aghast

겁에 질려 덜덜 떨고 있는 **어**린 **게스트**?!

{agh**a**st - 겁에 질려}

□ agility

어질러진 **T**팬티를 세탁기에 집어넣는 자의 명민함과 민첩함?!

{ag**i**lity - 민첩함}

□ agog

어머니의 **가슴**이 **그**에게 가지는 몇 가지 의미는 다음과 같다. 몹시 …하고 싶어 하는, (열망·기대·호기심 등으로) 흥분된?!

{ag**og** - (열망·기대·호기심 등으로) 흥분된}

□ agony

고뇌에서 벗어나고 싶어도 그럴 수 없는 미라는 그야말로 죽어도 죽지 못하는 **애**물단지인 **거니**?! {**ag**ony - 고뇌}

□ akimbo

어린 **Kim보**다 더 어린 누군가가 손을 허리에 대고 팔꿈치는 옆으로 벌려?! {ak**i**mbo - 손을 허리에 대고 팔꿈치는 옆으로 벌려}

□ albeit

Always **B**가 **it**이라고? 비록 …이기는 하지만?! {alb**ei**t - 비록 …이기는 하지만}

□ alchemy

앨리스의 **커**다란 **미**친개를 미친년의 커다란 앨리게이터로 창조적으로 바꾼 애가 가지는 몇 가지 의미는 다음과 같다. (평범한 물건을 가치 있는 것으로 바꾸는) 마력, 비법, 연금술?! {**al**chemy - 연금술}

□ algae

조류(藻類)가 녹색이고 강물에 가득하면 사실상 그 물은 썩은 것이라고 주장하는 **LG**(Life Guards)?! {**al**gae - 조류(藻類)}

□ algebra

LG(Life Guards) **bro**thers study algebra?! {**al**gebra - 대수학}

□ alimony

앨리스의 **lo**ver가 **모니**카에게 지급한 별거 수당?! {**al**imony - 별거 수당}

□ allegation

앨리스가 **gay**를 **shun**하지 않고 오히려 함께 사랑을 나눈다는 증거 없는 주장?!

{alleg**a**tion - (증거는 없지만 누군가가 부정한 일을 했다는) 주장}

□ allege

얼빠진 **레**이디와 **G**는 결코 한통속이 아니라고 증거 없이 주장하는가?!

{all**e**ge - (증거 없이) 주장하다}

□ allegiance

얼간이들이 **리**무진에서 **전**두엽에게 **스**스럼없이 맹세한 충성?!

{all**e**giance - (정당·종교·통치자 등에 대한) 충성}

□ allergy

앨리스가 **lovemaking**이 **지**나치게 금기시되어서 오히려 이상한 나라에 대해서 가지고 있는 알레르기?!

{**all**ergy - 알레르기}

□ alleviate

얼간이는 **리비**도를 **eight** times에 걸쳐 충족시킴으로써 자신의 고통을 완화하는가?!

{all**e**viate - 완화하다}

□ allocate

앨리스는 **lover Kate**에게 이상한 나라의 땅을 할당하는가?!

{**all**ocate - 할당하다}

□ allopathy

얼간이가 **라**스베이거스에서 **퍼**덕거리는 **thi**ef를 치료하기 위해 사용한 대증 요법?!

{all**o**pathy - 대증 요법}

□ ally

앨리스와 **li**ar가 찾아간 이상한 나라의 동맹국?!
{**a**l**l**y - 동맹국}

□ alma mater

알래스카의 **머**저리가 **마**침내 **터**미널에서 발견한 모교?!
{**a**lma m**a**ter - 모교}

□ altar

올챙이가 **터**미널 A동에 세운 제단?!
{**a**ltar - 제단}

□ alter

올챙이는 **ter**minal을 터미널로 바꾸는가?!
{**a**lter - 바꾸다}

□ altercate

올챙이는 **ter**minal에서 **Kate**와 언쟁하는가?!
{**a**ltercate - 언쟁하다}

□ alternative

올챙이에게 **ter**minal에서 **너**구리를 **팁으**로 주는 것이야말로 쫄깃쫄깃한 대안?!
{**a**lt**er**native - 대안}

□ altruistic

앨리스는 **tru**th와 **이 stick**을 가지고 이상한 나라에 기여했으니 얼마나 이타적인가?!

{altruistic - 이타적인}

□ **Amazon**

애들에게 **머**저리처럼 **잔**소리하는 아마존?!
{**A**mazon - 아마존}

□ **ambiguity**

MB(Bachelor of Medicine)가 **규**칙적으로 **어**디서 **T**팬티를 훔치는지
애매모호함?!
{ambig**ui**ty - 애매모호함}

□ **ambiguous**

MB(Bachelor of Medicine)가 **규**칙적으로 **어스**름한 저녁마다 어디서 무엇을
훔치는지 애매모호한가?!
{amb**i**guous - 애매모호한}

□ **ambit**

MB(Bachelor of Medicine)의 **빛**나는 사기 행각의 영역과 범위?!
{**a**mbit - (행동·권한·영향력 따위의) 범위}

□ **ambivalence**

MB(Bachelor of Medicine)를 **벌**거벗기고 **런**던의 **스**님이 목탁으로 죽도록
치는 것이 가지는 몇 가지 의미는 다음과 같다. 동요, 주저, 모호함, (애증 따위의)
반대 감정 병존, 양면 가치?!
{amb**i**valence - 양면 가치}

□ **amend**

어머니는 **men**이 **드**라큘라처럼 사람들의 피를 빨아먹기 위해 만든 법을
개정하는가?!
{am**e**nd - (법·의안 등을) 개정하다}

□ amenity

어머니가 **매**일 **너**저분한 **T**팬티를 도둑맞는 호텔 화장실이 가지는 몇 가지 의미는 다음과 같다. (교제상의) 예의, 상냥함, 쾌적한 설비, (장소·기후의) 기분 좋음?!

{am**e**nity - (장소·기후의) 기분 좋음}

□ amnesty

MB(Bachelor of Medicine)는 **너**구리처럼 **스**스럼없이 **T**팬티를 훔치다가 현행범으로 잡힌 주제에 끈질기게 원하는 것이 있으니 그것은 바로 사면?!

{**a**mnesty - 사면(赦免)}

□ amoral

A moralist is amoral?!

{am**o**ral - 도덕관념이 없는}

□ analgesic

애물단지처럼 **널**브러진 **지**렁이가 **직**접 구매한 진통제?!

{analg**e**sic - 진통제}

□ analogous

어머니에게 **낼 lover**의 **것으**로 추정되는 물건은 고추와 유사한가?!

{an**a**logous - 유사한}

□ analysis

어머니가 **낼 lover**의 **sis**ter와 할 일은 아버지의 심리 분석?!

{an**a**lysis - 분석}

□ anaphylaxis

애물단지 **너**구리의 **펄**떡거리는 **lec**ture에 **sis**ter에게 발생한 과민증?!

{anaphyl**a**xis - 과민증}

☐ anarchist

애물단지 **너**구리는 **키스**에 **트**림까지 즐기는 무정부주의자?!

{**a**narchist - 무정부주의자}

☐ anarchy

애물단지 **너**구리가 **키**우는 무정부 상태?!

{**a**narchy - 무정부 상태}

☐ anatomic

애너벨리를 **타**락시킨 **믹**서는 해부학적인가?!

{anat**o**mic - 해부학적인}

☐ anatomy

'**An atom**'이 우주에서 날아와 소년에게 가르쳐 준 해부학?!

{an**a**tomy - 해부학}

☐ ancestor

Ann은 **sex**로 **스**님과 **ter**minal을 뜨겁게 만든 에로 배우의 조상?!

{**a**ncestor - 조상}

☐ anchorite

Anchorman's **right** to be an anchorite?!

{**a**nchorite - (종교적 이유에 의한) 은자}

☐ anecdote

애물단지 **Nick**이 **도**둑맞은 **트**라이앵글에 관한 일화?!

{**a**necdote - 일화}

☐ anemia

어린 **니**체는 **미아**인 데다가 빈혈증까지?!

{an**e**mia - 빈혈증}

☐ anesthesia

애물단지 **너**구리가 **스**스럼없는 **thi**ef처럼 **지**금 **아**이 엄마가 수면 상태에서 깨어나지도 못했는데 미친 듯이 또다시 실시한 전신 마취?!

{anesth**e**sia - 마취}

☐ annex

어머니는 **next** time에 아버지의 나라를 무력으로 합병하는가?!

{ann**e**x - (국가나 지역 등을 특히 무력으로) 합병하다}

☐ annexation

애국자 **Nick**에게 **say**! "**Shun** annexation?!"

{annex**a**tion - (영토의) 합병}

☐ annihilate

어머니는 **나이**트클럽의 **얼**간이들을 **late** night에 전멸시키는가?!

{ann**i**hilate - 전멸시키다}

☐ anodyne

애들을 **노**예처럼 **다**루는 **인**간들 때문에 사람들은 보란 듯이 더 이상 아이를 낳지 않게 되고 결국 인구가 심각한 수준으로 줄어들게 될 것이라는 사실이 가지는 몇 가지 의미는 다음과 같다. 진통제, 위로가 되는 것, 누그러지게 하는 것, 진통의, (감정을) 누그러지게 하는?!

{**a**nodyne - (감정을) 누그러지게 하는}

☐ anonymity

애너벨리가 **니**체에게 **머**뭇거리다가 **T**팬티를 벗어 주면서 요구한 익명?!

{anonymity - 익명}

□ **anonymous**

<u>어</u>머니가 <u>나</u>체의 <u>너</u>구리를 <u>멋으</u>로 몰고 다니다가 기부를 한다면 그것은 익명으로 된 것인가?!

{an**o**nymous - 익명의}

□ **antagonist**

<u>Ann</u>은 <u>태거</u>(tagger)인 <u>니</u>체에게 <u>스트</u>레스를 주는 적대자?!

{ant**a**gonist - 적대자}

□ **antinomy**

<u>앤티</u>크에 <u>너무</u> <u>미</u>치면 곤란하다고 말하는 자가 앤티크에 미치는 것은 이율배반?!

{ant**i**nomy - 이율배반}

□ **antiphlogistic**

<u>NT</u>(Northern Territory)와 <u>플로</u>리다에서 <u>지</u>저분한 **stick**으로 찌른 소염제?!

{antiphlog**i**stic - 소염제}

□ **aorta**

<u>A or 타</u>인의 완벽한 대동맥?!

{a**o**rta - 대동맥}

□ **apathy**

<u>애</u>주가와 <u>퍼</u>마시는 **th**i**ef**가 서로에게 가지는 몇 가지 의미는 다음과 같다. 무관심, 무감동, 무감각, 냉담?!

{**a**pathy - 냉담}

□ **ape**

<u>에</u>로틱하게 <u>입</u>으로 하는 유인원?!

{**a**pe - 유인원}

☐ apiary

A와 **P**가 **애리**조나에서 발견한 양봉장?!

{**a**piary - 양봉장}

☐ apnea

앱(app)으로 **니**체가 **아**주 깔끔하게 치료한 무호흡증?!

{**a**pnea - 무호흡증}

☐ Apocrypha

어머니가 **파리**에서 **크리**스마스에 **Fa**ther와 함께 구매한 성경이 66권이 아니라 73권이라는 사실이 가지는 몇 가지 의미는 다음과 같다. 외전(外典), 전거가 불확실한 글, (성경, 특히 구약의) 경외서(經外書)?!

{Ap**o**crypha - (성경, 특히 구약의) 경외서(經外書)}

☐ apogee

애물단지처럼 **퍼지**는 소문의 주인공의 위치가 가지는 몇 가지 의미는 다음과 같다. 절정, 정점, 원지점(遠地點), 최고점?!

{**a**pogee - 최고점}

☐ apologize

어머니의 **팔**에서 **lo**ver는 "**자**식은 **잊으**세요!"라고 말했다가 그녀가 발끈하자 사과하는가?!

{ap**o**logize - 사과하다}

☐ apostasy

어리석게도 **파스칼**을 **터**득했다는 **씨**암탉이 보여준 것은 아무런 생각 없이 갈 데까지 가는 인간의 변절, 배신 그리고 배교?!

{ap**o**stasy - 배교(背敎)}

□ Apostle

어이없게도 **파**렴치한들이 **슬**그머니 다시 기어 나오자 꺼지라고 소리친 정의의 사도?!

{Ap**o**stle - 사도}

□ appendicitis

어머니의 **pen**과 **더**럽게 **쌓이**는 **티스**푼으로 인한 맹장염?!

{appendic**i**tis - 맹장염}

□ applicant

Apple로 **리**무진을 **컨트**롤하는 지원자?!

{**a**pplicant - 지원자}

□ appreciate

어두운 **pri**son에서 **쉬**었던 **eight** years가 가지는 몇 가지 의미는 다음과 같다. 가치가 오르다, 감상하다, 음미하다, 이해하다, 평가하다, 감사하다?!

{appr**e**ciate - 감사하다}

□ apprehend

애리조나의 **pri**son에서 **hen**이 **드**라마를 보게 된다는 것이 가지는 몇 가지 의미는 다음과 같다. 파악하다, 우려하다, 체포하다?!

{appreh**e**nd - 체포하다}

□ apprehension

애리조나의 **pri**son에서 **hen** **천** 마리를 잡는다는 것이 가지는 몇 가지 의미는 다음과 같다. 이해, 체포, 불안?!

{appreh**e**nsion - 불안}

□ apprise

어머니는 **prize**를 타자마자 아버지에게 알리는가?!

{appr**i**se - 알리다}

□ April

A **p**rostitute **r**uined **i**nnumerable **l**ives?!
{**A**pril - 사월}

□ arbiter

아비가 **터**미널에서 버스와 택시 중에서 무엇을 탈지를 결정하는 것이 가지는 몇 가지 의미는 다음과 같다. 결정권자, 조정자, 중재인?!
{**ar**biter - 중재인}

□ arbitrary

아비가 **tra**sh를 **리**어카에 싣는 것이 가지는 몇 가지 의미는 다음과 같다. 전횡을 일삼는, 제멋대로인, 독단적인, 임의적인?!
{**ar**bitrary - 임의적인}

□ arid

애리조나에서 **드**라큘라가 목이 말라 죽었다는 사실이 가지는 몇 가지 의미는 다음과 같다. 불모의, 무미건조한, (땅이나 기후가) 매우 건조한?!
{**ar**id - (땅이나 기후가) 매우 건조한}

□ aristocracy

애리조나의 **스타**가 **cru**sh한 **씨**암탉을 요리한 귀족 정치?!
{arist**o**cracy - 귀족 정치}

□ armada

아마 다 알고 있을 비행대와 함대?!
{arm**a**da - 함대}

□ arraign

어머니는 **rain**이 오는 날에 피고를 법정에 소환하여 죄상의 진위 여부를 묻는가?!

{arr**aig**n - (피고를 법정에 소환하여) 죄상의 진위 여부를 묻다}

□ arrange

어머니는 **rain**으로 **G**새끼들이 감기에 걸려 죽자 가죽을 벗겨서 정리하고 파티를 준비하는가?!

{arr**a**nge - 준비하다}

□ arson

R 쏜 후에 저지른 방화?!

{**a**rson - 방화}

□ artery

Artist의 **털이** 발견된 동맥?!

{**a**rtery - 동맥}

□ asbestos

에스더가 **bes**t 터널에서 **스**스로 제거하기엔 치명적으로 위험한 석면?!

{asb**e**stos - 석면}

□ ascend

어머니는 **sand**bag을 들고 링 위로 올라가는가?!

{asc**e**nd - 올라가다}

□ ascertain

애써 테러리스트는 **인**간들을 향해 총을 난사하고 다 죽었는지 확인하는가?!

{ascert**ai**n - 확인하다}

□ ascetic

어머니는 **sexy**하고 **tic**까지 있는 금욕주의자?!

{asc**e**tic - 금욕주의자}

□ assassin

어머니와의 **sex**는 **sin**이라고 오이디푸스에게 말하기 직전에 오이디푸스의
아버지에게 죽임을 당한 것으로 추정되는 암살자?!
{ass**a**ssin - 암살자}

□ assassination

어이없이 **sex**y한 **씨**암탉의 **nation**에서 졸부들의 엄살 속에 강제로 연금된
궁민들만 당하는 암살?!
{assassin**a**tion 암살}

□ assault

어머니는 **salt**를 뿌리면서 아버지를 폭행하는가?!
{ass**au**lt - 폭행하다}

□ assay

Essay를 쓰는 나체의 아르키메데스가 가지는 몇 가지 의미는 다음과 같다.
시금하다, 분석하다, 평가하다, 시금(試金), (금속의 순도) 분석?!
{ass**a**y - (금속의 순도) 분석}

□ assiduous

어리석은 **씨**암탉은 **주어**를 **스**스럼없이 생략할 정도로 주도면밀하고 근면한가?!
{ass**i**duous - 근면한}

□ astigmatism

어머니가 **스틱으로** **머**저리와 **티**격태격하던 **즈음** 생긴 난시?!
{ast**i**gmatism - 난시}

□ asymmetry

A 씨와 **머**저리는 **추리**를 기준으로 비대칭?!
{as**y**mmetry - 비대칭}

□ atavism

Atom을 **빚음**으로써 우주 소년이 발견한 격세 유전?!
{**at**avism - 격세 유전}

□ atone

어머니가 **tone** deaf(음치)임을 인정하고 더 이상 노래를 부르지 않는 것이
가지는 몇 가지 의미는 다음과 같다. 보상하다, 속죄하다?!
{at**o**ne - 속죄하다}

□ atopic

에이스 **타**자가 **픽** 쓰러지는 이유는 바로 아토피성의?!
{at**o**pic - 아토피성의}

□ atopy

애물단지에게 **터**진 **pig**는 아토피성 체질?!
{**at**opy - 아토피성 체질}

□ attain

어려운 **테**스트에서 **인**어는 왕자에 대한 사랑으로 특정한 나이·수준·조건에
이르고, 큰 노력 끝에 이루는가?!
{att**ai**n - (큰 노력 끝에) 이루다}

□ attrition

어머니가 **tree**에서 **shun**하는 아버지가 가지는 몇 가지 의미는 다음과
같다. 불충분한 회오(悔悟), 마찰, 마손, 손모(損耗), (반복 공격 등으로 적의 세력을
약화시키는) 소모?!
{att**ri**tion - (반복 공격 등으로 적의 세력을 약화시키는) 소모}

□ audacity

5대 city의 시민들은 대담무쌍할 정도로 뻔뻔스러움?!

{aud<u>a</u>city - 뻔뻔스러움}

□ augment

<u>오</u>만한 <u>그</u>는 <u>맨</u>날 <u>트</u>림함으로써 그를 피하는 사람들의 수를 증가시키는가?!

{augm<u>e</u>nt - 증가시키다}

□ austerity

<u>오스</u>트리아의 <u>테러</u>리스트가 <u>T</u>팬티만 입고 다니는 것이 가지는 몇 가지 의미는 다음과 같다. 내핍 생활, 금욕적임, 엄격, 고행, 긴축?!

{aust<u>e</u>rity - 긴축}

□ authentic

<u>오</u>경(五經)을 <u>뗀</u> **tic** 장애 환자가 가지는 몇 가지 의미는 다음과 같다. 진짜의, 진정한, 인증된, 확실한, 믿을 만한?!

{auth<u>e</u>ntic - 믿을 만한}

□ autistic

<u>오</u>직 <u>티</u>스푼과 **stick**만을 가지고 노는 것이 가지는 몇 가지 의미는 다음과 같다. 자폐성의, 자폐증이 있는 사람?!

{aut<u>i</u>stic - 자폐증이 있는 사람}

□ autonomy

<u>오</u>타에 <u>너</u>무 <u>미</u>안해하지 않도록 허용한 자율?!

{aut<u>o</u>nomy - 자율}

□ autopsy

<u>오</u>만의 <u>탑</u>에서 <u>씨</u>암탉이 추락하여 죽자 양계장 주인이 실시한 부검?!

{<u>au</u>topsy - 부검}

□ avalanche

애벌레의 **lan**d에서 **chi**cken이 경험한 눈사태?!

{**a**valanche - 눈사태}

□ avarice

애들을 **버리**는 **스**스럼없는 자들의 탐욕?!

{**a**varice - 탐욕}

□ aver

어머니는 **버**러지들이 마치 게임을 하듯이 자신의 아이를 죽이고 심신미약이란 이유로 감형을 받자 "이 시대의 법이란 무법천지의 세상에서 맘몬에게 영혼을 판 새들이 가지고 노는 허수아비와 다를 바 없기 때문에 '눈에는 눈, 이에는 이.'라고 말한 함무라비 법전이 훨씬 더 공정하다."라고 단언하는가?!

{av**e**r - 단언하다}

□ aversion

어머니가 **버**러지들 **전**부에 대해서 느끼는 극도의 혐오?!

{av**e**rsion - 혐오}

□ avert

어머니는 **버**러지가 **트**림을 하자 구역질이 나서 얼굴을 돌리는가?!

{av**e**rt - (눈·얼굴 따위를) 돌리다}

□ avid

애비 **드**라큘라처럼 아들 드라큘라도 탐욕스러운가?!

{**a**vid - 탐욕스러운}

□ awaken

어린 **웨이**터는 **큰**일 났다면서 지배인을 깨우는가?!

{aw**a**ken - 깨우다}

□ axiom

액체를 **씨**암탉이 **엄**청나게 교환하는 것은 'A Beautiful Mind'조차 증명할 필요가 없다고 한 자명한 이치 혹은 공리?!

{**a**x**i**o**m** - 공리(公理)}

□ Azazel

어제 이 절망적인 지옥에서 온 백성의 죄를 뒤집어쓰고 죽임을 당한 희생양?!

{**Azazel** - 희생양 《아사셀(Azazel)의 어원적인 뜻은 속죄 의식으로 황야에 버려진 염소를 받은 고대 히브리의 악령. 레위기 16:1-28》}

□ azimuth

애물단지와 **지**렁이와 **머**저리의 **th**reesome으로 이루어진 방위각?!

{**a**z**i**m**u**t**h** - 방위각}

□ azure

애들이 **저**렇게 좋아하는 푸른 하늘과 하늘색?!

{**a**z**u**re - 하늘색}

□ bachelor

빼에서 **철**학적인 **lo**vemaking을 즐기는 자가 가지는 몇 가지 의미는 다음과 같다. 학사 학위 소지자, 독신남?!

{**b**a**ch**elor - 독신남}

□ baffle

Bad 플러스 bad는 two bads가 아니라 too bad라는 사실이 가지는 몇 가지 의미는 다음과 같다. (빛·소리·액체 등의 흐름을 차단하는) 칸막이, 차단하다,

좌절시키다, 당황케 하다?!

{ba**ffle** - 당황케 하다}

☐ banal

버려도 **낼** 다시 버릴 쓰레기가 생긴다는 사실이 가지는 몇 가지 의미는 다음과 같다. 평범한, 진부한?!

{ban**al** - 진부한}

☐ banish

Ben이 **쉬**고 싶다고 하자 rest room으로 추방하는가?!

{ba**n**ish - 추방하다}

☐ bankruptcy

Bank를 **rub**하면서 **씨**암탉이 울자 모든 은행이 제대로 파산?!

{ba**n**kruptcy - 파산}

☐ barrage

버러지들과 **라**스푸틴의 **지**렁이들이 동료 버러지들과 동료 지렁이들이 비리 혐의로 구속되는 것을 막기 위해 마치 짜고 치는 고스톱처럼 터뜨리는 사건들이 가지는 몇 가지 의미는 다음과 같다. 일제 엄호 사격, 연속 안타, (질문 등의) 세례, 연발 사격?!

{barr**age** - 연발 사격}

☐ battery

배에 **털이** 많다는 사실이 가지는 몇 가지 의미는 다음과 같다. (지능·적성·개성 등의) 종합 테스트, (촘촘히 이어진) 닭장, 포병 중대, 배터리, 구타?!

{ba**t**tery - 구타}

☐ bear

Bear(곰)이 사람이 되기 위해 쑥과 마늘을 먹었다는 사실이 가지는 몇 가지

의미는 다음과 같다. 어려운 일, 관계를 갖다, 열매를 맺다, 아이를 낳다, 이름을
지니다, 감당하다, 견디다, 참다?!

{bear - 참다}

□ belch

벨을 **치**는 것이 가지는 몇 가지 의미는 다음과 같다. 트림, 불평, 불평하다, (연기
등을 펑펑) 내**뿜**다, 트림하다?!

{belch - 트림하다}

□ bellicose

Belly에 **코스**모스를 붙이는 자는 호전적인가?!

{bellicose - 호전적인}

□ belligerent

벌리다니! **저런**, **트**림까지! 교전 중인가?!

{belligerent - (국가가) 교전(交戰) 중인}

□ benediction

Ben에게 **Dick**을 **shun**하는 것이 가지는 몇 가지 의미는 다음과 같다.
식전·식후의 감사의 기도, 축복의 기도, 축복?!

{benediction - 축복}

□ benefit

배너가 **핏**빛일 경우의 이익?!

{benefit - 이익}

□ benefit of the doubt

삐짱이들이 **너**도나도 **핏**덩어리를 **업**으면 **더**럽다고 **다**양하게 **우**기면서 **트**집을
부리지만 증거 불충분의 경우에는 원칙적으로 무죄 추정?!

{benefit of the doubt - (증거 불충분의 경우) 무죄 추정}

□ benign

비가 **nine** o'clock에 내리는 것이 가지는 몇 가지 의미는 다음과 같다.
(기후·풍토가) 건강에 좋은, 온화한, 상냥한, (종양이) 양성의?!
{ben**ign** - (종양이) 양성의}

□ besiege

비열한 **씨**암탉과 **G**새끼를 분노한 사람들이 포위하는가?!
{bes**ie**ge - 포위하다}

□ betray

빛으로 **Ray**가 나아가다가 어둠으로 다시 돌아가는 것이 가지는 몇 가지 의미는
다음과 같다. (감정·무지·약점·정보 따위를) 무심코 드러내다, (신뢰·기대 따위를)
저버리다, 배반하다?!
{bet**ray** - 배반하다}

□ bevy

베토벤과 **비**발디에게 영감을 준 것으로 추정되는 작은 새·사슴·미인 따위의 떼와
무리?!
{b**e**vy - (작은 새·사슴·미인 따위의) 무리}

□ beware

Bee가 **wear**에 달라붙지 않도록 조심해라?!
{bew**a**re - 조심하다}

□ bewilder

B's **will** 더하기 C's will은 D를 당황케 하는가?!
{bew**i**lder - 당황케 하다}

□ bias

Buy us if you don't have any bias?!

{bias - 편견}

□ bier

Beer를 마시고 멘 상여?!

{bier - 상여(喪輿)}

□ bigot

비열한 **것**들은 하나같이 편협한 신앙심을 가진 자?!

{bigot - 편협한 신앙심을 가진 자}

□ bile

바보들이 "**일**왕 만세!"를 외치면서 개처럼 짖을 때 대다수 국민의 기분이 더러워지는 사실이 가지는 몇 가지 의미는 다음과 같다. 기분이 언짢음, 짜증, 증오, 분노, (사람의) 담즙?!

{bile - (사람의) 담즙}

□ bilk

Bill이 **크**리스마스이브에 감쪽같이 사라진 사실이 가지는 몇 가지 의미는 다음과 같다. 떼먹기, 사기꾼, 사기, (남을) 속이다, 등치다, 따돌리다, 떼먹고 도망치다?!

{bilk - 떼먹고 도망치다}

□ blaspheme

Black은 **스**스럼없는 **피임**으로 신성 모독하는가?!

{blaspheme - 신성 모독하다}

□ blasphemy

Black처럼 **스**스럼없이 **퍼**덕거리는 **미**친년이 저지른 신성 모독?!

{blasphemy - 신성 모독}

blight

Black **light**가 가지는 몇 가지 의미는 다음과 같다. 엉망으로 만들다, 망치다, (사기·희망 등을) 꺾다, (식물의) 마름병, (사기·희망 등을) 꺾는 것, (앞길의) 어두운 그림자?!

{blight - (앞길의) 어두운 그림자}

blithe

Black **light**가 **드**라큘라를 비추어도 아무 생각 없이 피를 빠는 것이 가지는 몇 가지 의미는 다음과 같다. 즐거운, 유쾌한, 쾌활한, 경솔한, 부주의한?!

{blithe - 부주의한}

bode

Boat에 **드**라큘라가 함께 탔다는 것은 피를 빨릴 징조인가?!

{bode - 징조이다}

bombastic

밤에 **배**를 **stick**으로 찾으면서 사상 최대의 구조 작전이라고 개소리하는 사기꾼이 가지는 몇 가지 의미는 다음과 같다. 과대한, 과장된, 허풍 떠는?!

{bomb**a**stic - 허풍 떠는}

bonanza

버러지와 **Nan**cy의 **자**극적인 결합이 가지는 몇 가지 의미는 다음과 같다. 뜻밖의 행운, 운수대통, 노다지, (농장의) 대풍년, 대성공?!

{bon**a**nza - 대성공}

boon

유쾌한 **분**?!

{boon - 유쾌한}

□ boor

"**부어**라, 마셔라!"하다가 마침내 개가 되어서 상습적으로 음주운전까지 하는 자가 가지는 몇 가지 의미는 다음과 같다. 시골뜨기, (특히 네덜란드·독일의) 소작농, 촌놈?!

{boor - 촌놈}

□ boreal

보리를 **얼**리는 북풍의?

{bo_real - 북풍의}

□ boredom

보이는가? **어**른들을 **덤**덤하게 만드는 권태?!

{bo_redom - 권태}

□ botany

바보를 **터니** 나온 것은 식물학?!

{bo_tany - 식물학}

□ breach

브라에 **reach** 하자마자 손가락으로 콕 찌르는 변태가 가지는 몇 가지 의미는 다음과 같다. (방어벽 등에 생긴) 틈, (사람·국가 간의) 관계 단절, (약속·법률·도덕 등의) 위반?!

{breach - (약속·법률·도덕 등의) 위반}

□ brevity

브래지어로 **버티**는 청춘의 덧없음과 간결성?!

{bre_vity - 간결성}

□ brewery

브루투스의 **어리**석음은 그가 사랑한 것들의 크기를 나타내는 다음의 부등식을 통해 증명된다. 카이사르 〈 로마 〈 (맥주) 양조장?!

{br**ew**ery - (맥주) 양조장}

□ bribe

브라는 **이브**를 위한 아담한 뇌물?!

{bribe - 뇌물}

□ brothel

Brother가 **썰**렁한 날씨에 찾아간 성매매업소?!

{br**o**thel - 성매매업소}

□ bucolic

Beauty가 **칼**을 **lick** 하는 것은 목가적인가?!

{buc**o**lic - 목가적인}

□ buoyancy

Boy가 **언**젠가 **씨**암탉의 구명조끼에서 목격한 비정상적인 부력?!

{bu**o**yancy - 부력}

□ bureaucracy

Beautiful **라**스푸틴이 **cru**sh한 **씨**암탉을 관료식의 번잡한 절차를 따라 요리한 관료 정치?!

{bur**eau**cracy - 관료 정치}

□ burlesque

벌레들이 **스**스럼없이 **Christ Jesus** 행세를 하면서 멍청이들의 몸과 마음과 돈을 빼앗는 것이 가지는 몇 가지 의미는 다음과 같다. 익살스럽게 연기하다, 희화화하다, 해학극, 풍자시, 스트립쇼, 익살 연극, (과거 미국에서 유행한) 통속적 희가극, 풍자적 희극?!

{burl**e**sque - 풍자적 희극}

□ bust

버러지가 **스트**립쇼를 즐기다가 발각된 웃긴 사건이 가지는 몇 가지 의미는 다음과 같다. (물건을) 부수다, (범행 장소를) 급습하다, (다리를) 부러뜨리다, (계급을) 강등시키다, 파열하다, 파산하다, 파산, 불황, 실패작, 쓸모없는 사람, (경찰의) 불시 단속, 가슴둘레, (여성의) 앞가슴, 상반신?!

{bust - 상반신}

□ bustle

벗을 때미다 극장은 관객들로 북적거리는가?!

{bustle - 북적거리다}

□ butcher

부처의 말씀을 듣고 채식주의자가 된 정육점 주인?!

{butcher - 정육점 주인}

□ butt

벗자마자 발견한 몇 가지 의미는 다음과 같다. (조소·비평 등의) 대상, (총의) 개머리, 찌르기, (머리로) 들이받기, 담배꽁초, 엉덩이?!

{butt - 엉덩이}

□ buxom

벅차오르는 **some**body는 가슴이 풍만한가?!

{buxom - 가슴이 풍만한}

□ cacophony

커다란 **car**에서 **funny** 한 소리가 들리는 것이 가지는 몇 가지 의미는 다음과 같다. 불쾌한 음조, 불협화음?!

{cac**o**phony - 불협화음}

□ Caesarian

씨암탉을 **제어**하다가 **Ri**chard가 **언**젠가 알게 된 제왕절개 수술?!

{Caes**a**rian - 제왕절개 수술}

□ caffeine

Cat이 **핀**란드에서 야옹야옹하면서 섭취한 카페인?!

{c**a**ffeine - 카페인}

□ cajole

커피는 **졸**린 자를 깨어 있도록 부추기는가?!

{caj**o**le - 부추기다}

□ caliber

California의 **버**러지에 의한 총기 난사 사건이 가지는 몇 가지 의미는 다음과 같다. (인물의) 역량, (총포의) 구경?!

{c**a**liber - (총포의) 구경(口徑)}

□ Calvary

캘리포니아(California)를 **버리**고 얻은 것은 해골을 닮은 언덕 갈보리?!

{C**a**lvary - 갈보리 《예수가 십자가에 못 박힌 언덕 골고다(Golgotha)의 라틴명》}

□ Canaan

K, **넌** 들어갈 수 없는 약속의 땅 가나안?! {C**a**naan - 가나안}

□ canard

커다랗게 **나**불거리는 드라큘라가 사실 채식주의를 즐긴다는 개소리가 가지는 몇 가지 의미는 다음과 같다. (뜬소문이) 퍼지다, 식용 오리, 허위 보도, 유언비어?!

{can**ard** - 유언비어}

□ **candidate**

Candy와의 **데이트**에서 어색한 눈물 연기를 하다가 들키자 "미안하다!"라며 고함친 후보?!

{c**a**ndidate - 후보}

□ **canine**

K9 is a little more expensive than a canine?!

{c**a**nine - 송곳니}

□ **cannon**

Cat이 **넌**지시 CNN 종군기자가 되는 것이 가지는 몇 가지 의미는 다음과 같다. 충돌하다, 소매치기, 기관포, 대포?!

{c**a**nnon - 대포}

□ **canon**

Cat이 **넌**지시 야옹 하고 규칙적으로 우는 것이 가지는 몇 가지 의미는 다음과 같다. 표준, (외전(外典)에 대한) 정전, 교회법, 법규집, 진짜 작품 목록, (음악의) 캐논, 대성당 참사회 의원, 규범?!

{c**a**non - 규범}

□ **cant**

캔디의 **트**라우마에 대해 팔 한 번 들고 "미안하다!"라고 외치는 자의 위선적인 말투?!

{cant - 위선적인 말투}

□ **cantankerous**

캔디와 **탱**크에서 **커**밍아웃한 **러**시아 **스**님이 가지는 몇 가지 의미는 다음과 같다. 심술궂은, 툭하면 싸우는?!

{cantankerous - 툭하면 싸우는}

□ canteen

Can teens study in a canteen?!
{cant**ee**n - (공장·학교 등의) 구내식당}

□ capillary

Cat과 **펄**떡거리는 **Larry**의 모세관?!
{c**a**pillary - 모세관}

□ capitulate

커피는 **출**근하자마자 **late**comer인 우유에게 카페오레가 되겠다는 조건부로 항복하는가?!
{cap**i**tulate - (조건부로) 항복하다}

□ caprice

커플이 스스럼없이 부리는 변덕?!
{capr**i**ce - 변덕}

□ capsize

Cap size의 배는 뒤집히는가?!
{c**a**psize - 뒤집히다}

□ carcinogen

Car이 **씨**암탉에게 "**너**는 **전**설적인 발암물질?!"
{carc**i**nogen - 발암물질}

□ cardiac arrest

Car에서 **Di**ck과의 **액**체교환으로 **arrest** 당하자 놀란 그녀에게 발생한 심장 정지?!

{cardiac arrest - 심장 정지}

□ cargo

Car가 **go** 할 수 없을 정도로 많은 화물?!

{**car**go - (선박·비행기의) 화물}

□ carnage

Car로 **니**체가 **지**렁이들을 밟고 지나가는 것이 가지는 몇 가지 의미는 다음과 같다. 살육, 대학살?!

{**car**nage - 대학살}

□ carnivore

Car에서 **니**체를 **보**자마자 "**어**디 한번 맛 좀 볼까?"라며 입맛을 다신 육식 동물?!

{**car**nivore - 육식 동물}

□ Carthage

Carl **thi**nks **Je**sus could have saved Carthage?!

{**Car**thage - 카르타고}

□ cascade

Cat이 **스케이트**를 **드**라마틱하게 타는 것이 가지는 몇 가지 의미는 다음과 같다. 폭포처럼 흐르다, 폭포 모양의 레이스 장식, (축전지의) 직렬, 작은 폭포?!

{**casc**a**de** - 작은 폭포}

□ casualty

Cat이 **주**인의 **얼**굴을 **T**팬티로 덮은 사건이 가지는 몇 가지 의미는 다음과 같다. (불의의) 사고, 재난, 사상자?!

{**cas**ualty - 사상자}

☐ casuistry

Cat이 **주**말마다 **이**렇게 **strip** show를 하긴 하지만 완전히 다 벗는 것은 아니라는 사실이 가지는 몇 가지 의미는 다음과 같다. 결의론(決疑論), 결의법, 궤변?!

{c**a**s**u**istry - 궤변}

☐ catalyst

Cat에게 **털**린 **리스트**는 집사로 하여금 보안을 강화하게 만든 기폭제이자 촉매?!

{c**a**t**a**lyst - 촉매}

☐ catapult

Cat이 **터**미널에서 **펄**떡거리는 **트**집쟁이를 투석기로 갑자기 내던지는가?!

{c**a**t**a**pult - (갑자기) 내던지다}

☐ catastrophe

커밍아웃에도 **태**연하던 **스트**리퍼가 **러**시아에서 **Phi**lip을 유혹했다가 코피를 쏟은 것은 그야말로 대형 참사?!

{cat**a**strophe - 참사}

☐ caterpillar

Cat이 **ter**minal에서 **필러** 시술로 떼돈을 번 것이 가지는 몇 가지 의미는 다음과 같다. 무한궤도, 욕심쟁이, 착취자, 애벌레?!

{c**a**terpillar - 애벌레}

☐ catheter

Cat이 **thie**f처럼 **ter**minal에서 훔친 카테터?!

{c**a**theter - 카테터(병의 치료나 수술을 위해 인체에 삽입하는 의료용 기구)}

☐ caveat

Caviar를 **At**lanta에서 먹기 위해서는 특정 절차를 따르라는 통고?!

{c**a**veat - (특정 절차를 따르라는) 통고}

□ cavity

Cat이 **버티**기엔 꽤 심각한 충치?!

{c**a**vity - 충치}

□ cease-fire

씻으니 **fire**도 깨끗이 꺼지고 따라서 휴전?

{c**ea**se-fire - 휴전}

□ cecum

씨암탉이 **컴**퓨터를 숨긴 곳은 맹장?!

{c**e**cum - 맹장}

□ cemetery

Sexy한 **머**저리 **Terry**가 묻혀 있는, 교회에 부속되지 아니한 공동묘지?!

{c**e**metery - (교회에 부속되지 아니한) 공동묘지}

□ cesspool

Sexy한 **스**님이 **pool**로 착각하고 뛰어든 곳이 가지는 몇 가지 의미는 다음과 같다. 정화조, 불결한 장소, 오물 구덩이, 분뇨 구덩이?!

{c**e**sspool - 분뇨 구덩이}

□ charisma

Curry's maestro가 가지는 몇 가지 의미는 다음과 같다. 성령의 은사, 사람들을 휘어잡는 매력, 비범한 통솔력, 카리스마?!

{char**i**sma - 카리스마}

□ charismatic

Carry's madman의 **tic**이 가지는 몇 가지 의미는 다음과 같다. 카리스마 파

48

신자, (병 치료 따위에서 성령의 은사를 강조하는) 카리스마 파의, 카리스마가 있는?!

{charismatic - 카리스마가 있는}

□ chastise

체스에서의 **ties**(무승부)가 가지는 몇 가지 의미는 다음과 같다. 매질하여 벌하다, 질책하다, 꾸짖다?!

{chastise - 꾸짖다}

□ chirp

Church 프로그램이 너무 상업적이어서 슬퍼진 작은 새가 짹짹 우는가?!

{chirp - (작은 새가) 짹짹 울다}

□ chivalry

쉬이 **벌리**는 여성에게 상냥한 신사들의 기사도 정신?!

{chivalry - 기사도 정신}

□ choir

Quietly **ur**ban choir?!

{choir - 합창단}

□ Christianity

크리스티의 **치**부는 **애**물단지처럼 **너**저분한 **T**팬티로 가리고 있지만 종교만큼은 당당하게 기독교?!

{Christianity - 기독교}

□ chromosome

크로마뇽인의 **머**리에 **쏨**으로써 형성된 염색체?!

{chromosome - 염색체}

□ chronic

Cr<u>o</u>wn을 **Nick**이 훔치는 것이 가지는 몇 가지 의미는 다음과 같다. 고치기 힘든, 고질적인, 상습적인, 만성적인?!

{chr<u>o</u>nic - 만성적인}

□ chubby

첩이 본처보다 통통한가?!

{ch<u>u</u>bby - 통통한}

□ chum

첨부터 좋아한 친구?!

{chum - 친구}

□ chutzpah

후안무치하게 **ts**unami는 **파**도가 약간 더 커지는 것에 불과하니 전혀 무서워할 필요가 없고 만약 tsunami가 발생하면 자신은 보란 듯이 파도타기를 즐기겠다고 큰소리치다가 막상 tsunami가 발생하자 제일 먼저 도망친 어리석은 그 남자가 가지는 몇 가지 의미는 다음과 같다. 용기, 도전성, 담대함, 무례함, 뻔뻔함?!

{ch<u>u</u>tzpah - 뻔뻔함}

□ circumcise

Sir, **컴**퓨터로 **size**를 측정한 뒤에 음경과 음핵의 포피를 자르는 할례를 행하십시오?!

{c<u>i</u>rcumcise - 할례를 행하다}

□ circumcision

Sir, **컴**퓨터로 **씨**암탉이 **전**부 훔쳐본 것은 다음과 같습니다. 그것은 바로 포경수술과 할례?!

{circumc<u>i</u>sion - 할례}

□ circumference

Sir, **컴퍼**스와 **run**하면서 **스**님이 달린 거리는 다음과 같습니다. 그것은 바로 지구의 둘레?!

{circ**u**mference - (원 등의) 둘레}

□ circumvent

Sir, **컴**퓨터로 **벤**츠에서 **트**라이앵글을 치는 것이 가지는 몇 가지 의미는 다음과 같습니다. 선수(先手)를 쓰다, 우회하다, 포위하다, 교묘하게 회피하다?!

{circumv**e**nt - (교묘하게) 회피하다}

□ clairvoyance

클레어(Clare)에게서 **보이**는 **언**더웨어를 **스**님은 굳이 보지 않고도 알 수 있으니 그야말로 비상한 통찰력?

{clairv**o**yance - 비상한 통찰력}

□ cleave

클리토리스와 **b**rother의 부적절한 결합에 대한 야한 상상으로 즐거운 기레기들이 가지는 몇 가지 의미는 다음과 같다. (주의·주장 따위를) 고수하다, 착 달라붙다, 헤치고 나아가다, 분열시키다, 쪼개다?!

{cleave - 쪼개다}

□ cliche

클리토리스와 **che**f의 **이**색적인 결합조차도 진부한 표현?!

{clich**e** - 진부한 표현}

□ cliffhanger

클리토리스로 **f**riend가 **행**패를 **어**이없게 부리는 것이 가지는 몇 가지 의미는 다음과 같다. 서스펜스가 연속되는 드라마나 영화, 손에 땀을 쥐게 하는 것?!

{cl**i**ffhanger - 손에 땀을 쥐게 하는 것}

□ clot

Cloud로의 **travel**이 가지는 몇 가지 의미는 다음과 같다. 응고시키다,
응고되다, 바보, 엉긴 덩어리, 혈전?!
{clot - 혈전(血栓)}

□ coalesce

코가 **얼**자마자 **레**이디가 **스**웨터로 코를 감싸는 것이 가지는 몇 가지 의미는
다음과 같다. (부러진 뼈가) 붙다, (더 큰 덩어리로) 합치다, 접착하다, 연합하다,
합체하다?!
{coalesce - 합체하다}

□ coalition

코를 **얼리**기를 **shun**하는 고골과 코골이의 사실적인 연립 정부?!
{coalition - (둘 이상의 정당으로 구성된) 연립 정부}

□ coccyx

Cock이 **six**th sense로 발견한 꼬리뼈?!
{coccyx - 꼬리뼈}

□ coda

코를 **다**치는 것이 가지는 몇 가지 의미는 다음과 같다. (문예 작품·연극의) 종결부,
(고전 발레의) 피날레, (악곡·악장 등의) 코다?!
{coda - (악곡·악장 등의) 코다}

□ coffer

Car를 **fur**niture에 넣어 보관하는 것이 가지는 몇 가지 의미는 다음과 같다.
금고에 넣다, 상자에 넣다, 금고, (정부·단체 등의) 재원, 돈궤, 귀중품 상자?!
{coffer - 귀중품 상자}

☐ coffin

Car에서 **Fin**land 껌을 씹다가 지쳐 죽은 자를 위한 관?!
{c**o**ffin - 관}

☐ cogency

코리아가 **전**대미문의 **씨**암탉에게도 혹시나 있을까 기대했지만 역시나 전혀 없음을 확인한 설득력?!
{c**o**g**e**ncy - 설득력}

☐ cogent

코리아에서처럼 **전**쟁은 **트**집을 부리는 자들이 주로 일으킨다는 주장은 설득력 있는가?!
{c**o**g**e**nt - 설득력 있는}

☐ cohesive

코를 **희**극적으로 **씹으**면서 사랑을 나누는 자들은 응집력이 있는가?!
{c**o**h**e**sive - 응집력이 있는}

☐ coincide

Coin을 **side**에서 던져서 사람을 죽인 쓰레기와 살인자의 관계가 가지는 몇 가지 의미는 다음과 같다. 동시에 같은 공간을 차지하다, (둘 이상의 사건이) 동시에 일어나다, 일치하다?!
{c**o**inc**i**de - 일치하다}

☐ colleague

칼로 **리그**(league)전에서 모든 경쟁자를 쓰러뜨린 동료?!
{c**o**ll**ea**gue - (같은 관직·전문 직업의) 동료}

☐ colon

Cold London이 가지는 몇 가지 의미는 다음과 같다. 콜론, (식민지의) 농부,

결장(結腸)?!

{c<u>o</u>lon - 결장(結腸)}

□ colossal

컬링으로 **라**스베이거스를 **쓸**어버린 것이 가지는 몇 가지 의미는 다음과 같다.
어마어마한, 엄청난, 굉장한, 거대한?!

{col<u>o</u>ssal - 거대한}

□ combustion

컴퓨터와 **버스 천** 대의 연소?!

{comb<u>u</u>stion - 연소}

□ commend

Come, **end**, and commend?!

{comm<u>e</u>nd - (특히 공개적으로) 칭찬하다}

□ commendation

Common day를 **shun**하고 uncommon day를 추구하는 자가 받은
상(賞)과 칭찬?!

{commend<u>a</u>tion - 칭찬}

□ commission

커밍아웃의 **mission**을 약간의 수수료로 위원회에 의뢰하는가?!

{comm<u>i</u>ssion - 의뢰하다}

□ comparative

컴퓨터와 **패러**디를 **팁으**로 주는 것은 비교적인가?!

{comp<u>a</u>rative - 비교적인}

□ compatible

컴퓨터와 **패러**디적인 **bl**ue mouse는 양립할 수 있는가?!

{comp**a**tible - 양립할 수 있는}

□ compendium

컴퓨터와 **펜**으로 **Di**ck의 **엄**마가 정리한 것이 가지는 몇 가지 의미는 다음과 같다. 일람표, 대요, 요약, 개론, 개략, 개요(槪要)?!

{comp**en**dium - (특정 주제에 대한) 개요(槪要)}

□ compensation

캄보디아에서 **pun**을 **say**하고 **shun**한 자들에 대한 배상과 보상?!

{compens**a**tion - (좋지 않은 점을 완화해 주는) 보상}

□ competition

캄보디아에서 **퍼**런 **T**팬티를 **shun**하는 자들이 가지는 몇 가지 의미는 다음과 같다. 경쟁자, 대회, 시합, 경기, 경쟁?!

{compet**i**tion - 경쟁}

□ competitive

컴퓨터와 **패러**디를 **팁**으로 주는 것은 경쟁력 있는가?!

{comp**e**titive - 경쟁력 있는}

□ composure

컴퓨터로 **포**르노를 **저**렇게 보는데 누가 갑자기 방문을 열었을 때 필요한 것은 다음과 같다. 침착, (마음의) 평정?!

{comp**o**sure - (마음의) 평정}

□ compulsive

Company에서 **펄**프를 **썹으**면서까지 돈을 벌어야 한다는 생각은 강박적인가?!

{comp**u**lsive - 강박적인}

□ compulsory

Company에서 **펄**프를 **써**서 **리**본 체조를 하는 것은 연금된 궁민 누구에게나 강제적인가?!

{comp**ul**sory - 강제적인}

□ compunction

Company에서 **펑크**를 **shun**하려다가 결국 회사에서 펑크가 나자 느낀 양심의 가책?!

{comp**un**ction - 양심의 가책}

□ concave

칸트의 **cave**가 가지는 몇 가지 의미는 다음과 같다. 하늘, 오목한?!

{c**o**ncave - 오목한}

□ conceit

컨테이너의 **seat**에 앉은 자의 자만?!

{conc**eit** - 자만}

□ conceive

컨테이너에서 **씹으**면서 아이를 임신하고, 계획을 착상하고, 상상하는가?!

{conc**ei**ve - 상상하다}

□ conciliate

컨테이너에서 **silly eight** people을 회유하는가?!

{conc**i**liate - 회유하다}

□ concoction

컨테이너에서 **cock**이 **shun**하는 것은 혼합물?!

{conc**o**ction - 혼합물}

☐ concubine

캉캉거리는 **큐**피드를 **바인**더(binder)에 철해버린 첩?!

{c**o**ncubine - 첩(妾)}

☐ concupiscence

칸트에게 **큐**피드가 **쏜 스**스럼없는 단어는 '색욕'?!

{conc**u**piscence - 색욕}

☐ concur

컨테이너에서 **cur**ry는 여왕의 칼에 항복한다는 조건에 동의하는가?!

{conc**u**r - 동의하다}

☐ condemnation

칸트가 **Dem**'s **nation**에서 자한(自汗)에도 당당하게 땀을 닦지 않는 자들에게 한 비난?!

{condemn**a**tion - 비난}

☐ condole

컨테이너의 **돌**부처가 유족에게 조의를 표하는가?!

{cond**o**le - 조의를 표하다}

☐ condolence

컨테이너의 **돌**부처가 **런**던의 **스**님의 죽음에 대해 표한 애도?!

{cond**o**lence - 애도}

☐ condom

칸트가 **덤**덤하게 순수하고도 실천적인 이성과 함께 비판한 콘돔?!

{c**o**ndom - 콘돔}

□ condone

컨테이너에서 **돈**만 넉넉하게 주면 이제나저제나 가당찮은 사면만을 기다리는 MB(Bachelor of Medicine)든 이제나저제나 용이 될 것이라면서 돈벌레들이 빨아대는 이무기든 그야말로 개나 소나 거뜬하게 풀어줄 정도로 맘몬에게 영혼을 제대로 판 새들이 가지는 몇 가지 의미는 다음과 같다. 너그럽게 봐주다, 묵과하다, (죄·과실 특히 간통을) 용서하다?!

{cond**o**ne - (죄·과실 특히 간통을) 용서하다}

□ conducive

컨테이너에서 **dew**를 **씹으**면 참 도움이 되는가?!

{cond**u**cive - 도움이 되는}

□ conflagration

칸트 플러스 **Grey**가 **shun**하는 것은 바로 대화재?!

{conflagr**a**tion - 대화재}

□ conform

컨테이너에서 **form**을 잡으라는 요구에 순응하는가?!

{conf**o**rm - 순응하다}

□ confound

컨테이너에 **found**ation(재단)을 설립하고 사기를 치는 자가 가지는 몇 가지 의미는 다음과 같다. 혼동하다, 저주하다, (계획·희망 등을) 좌절시키다, 틀렸음을 입증하다, 당황케 하다?!

{conf**o**und - 당황케 하다}

□ Confucius

컨테이너의 **fu**ture는 **셔**터를 **스**스럼없이 내리는 것이라고 말한 공자?!

{Conf**u**cius - 공자}

□ congeal

컨테이너에서 **Jill**은 Jack을 얼리는가?!

{cong**eal** - 얼리다}

□ congestion

컨테이너에서의 **ges**ture가 **천**하면 혼잡?!

{cong**es**tion - 혼잡}

□ congregation

캉캉거리는 **그리**스의 **게이**를 **shun**하는 것이 가지는 몇 가지 의미는 다음과 같다. 유대 민족, (Oxford 대학의) 교직원 총회, (종교적인) 집회, (교회의) 신도들?!

{congreg**a**tion - (교회의) 신도들}

□ Congress

캉캉거리면서 **그 res**taurant에서 허구한 날 자기 밥그릇만 챙기면서 먹고 싸는 쓰레기들로 가득한 의회?!

{C**o**ngress - 의회}

□ congruous

캉캉거리다가 **그루**터기에서 **어스**름한 저녁에 만나는 개들은 서로 일치하는가?!

{c**o**ngruous - 일치하는}

□ conjecture

컨테이너에서 **Jack**의 **처**는 남편이 지금 콩나물을 무치고 있다고 추측하는가?!

{conj**e**cture - 추측하다}

□ connotation

카사노바는 **너**저분한 **테이**블에서도 **shun**하지 않고 잘 먹는다는 사실이 가지는 함의?!

{connot**a**tion - 함의(含意)}

□ conquer

캉캉거리는 **커**다란 개를 정복하는가?!

{c**o**nquer - 정복하다}

□ conquest

캉캉의 **쾌**활함으로 **스트**레스 정복?!

{c**o**nquest - 정복}

□ conscience

칸트가 **천**진스레 **스**스로 지킨 양심?!

{c**o**nscience - 양심}

□ conscientious

칸트는 **치**킨을 **en**dless하게 **쳤으**나 죽이지는 않았으니 그 얼마나 양심적인가?!

{consci**e**ntious - 양심적인}

□ conscious

칸막이를 **쳤으**나 앞자리에 있는 자를 의식하는가?!

{c**o**nscious - 의식하는}

□ consciousness

칸막이를 **쳤으**나 **니스**까지는 칠할 필요가 없음을 깨닫는 것이야말로 우주적인 의식?!

{c**o**nsciousness - 의식}

□ consecutive

컨테이너에서의 **sex**에서 **큐**피드가 **팁으**로 쏜 화살은 연속적인가?!

{cons**e**cutive - 연속적인}

□ conservative

컨테이너에서 **servant**에게 **팁으**로 푼돈을 주면 보수적인가?!
{conservative - 보수적인}

□ consist in

컨테이너에서의 **sis**ter의 **트**림은 **인**간적으로 너무 많이 먹었다는 데에 그 원인이 있는가?!
{consist in - …에 있다}

□ consist of

컨테이너는 **씻으**면서 **트**림하고 **업으**면서 트림하는 자들로 이루어져 있는가?!
{consist of - …로 이루어져 있다}

□ consistent

컨테이너에서 **sis**ter를 **턴** **트**집쟁이는 일관성이 있는가?!
{consistent - 일관성이 있는}

□ console

컨테이너에서 **soul** mate들은 서로를 위로하는가?!
{console - 위로하다}

□ consolidate

컨테이너가 **쌀**쌀해도 **lo**ver들은 **데이트**로써 그들의 사랑을 강화하는가?!
{consolidate - 강화하다}

□ conspiracy

컨테이너에서 **스피**커로 **러**시아의 **씨**암탉이 에로틱하게 꾸민 음모?!
{conspiracy - 음모(陰謀)}

□ conspire

컨테이너에서 **스파이**는 **어**설프고도 에로틱하게 음모를 꾸미는가?!

{conspire - 음모를 꾸미다}

□ constipation

칸트가 **스**스로 **터**득한 **patien**ce(혼자 하는 카드놀이)를 즐기다가 걸린 변비?!

{constipation - 변비}

□ constituent

컨테이너의 **스**님이 **T**팬티의 **추**억에 **언**제나 **트**림을 하는 것이 가지는 몇 가지 의미는 다음과 같다. 구성하는, 대리 지정인, 구성 성분, 유권자?!

{constituent - (특정 선거구에 사는) 유권자}

□ construe

컨테이너에서 **스**님이 **tru**th를 발견하는 것이 가지는 몇 가지 의미는 다음과 같다. 해석되다, (문법상) 분석되다, (문장을) 분석하다, …의 뜻으로 해석하다?!

{construe - …의 뜻으로 해석하다}

□ consumer

컨테이너에 **숨어** 사는 소비자?!

{consumer - 소비자}

□ consummate

칸트의 **su**pporter와 **mate**는 결혼식 후 기교적으로 완벽한 첫날밤을 치르는가?!

{consummate - (결혼식 후) 첫날밤을 치르다}

□ contamination

컨테이너를 **태**우는 **머**저리들과 **nation**의 결합이 가지는 몇 가지 의미는 다음과 같다. 혼성(混成), (원문·기록·이야기 등의) 혼합, (독가스·방사능 등에 의한) 오염?!

{contamination - (독가스·방사능 등에 의한) 오염}

☐ contempt

컨테이너에서도 **temp**le에서도 **트**림을 하니 누구나 경멸?!
{cont**e**mpt - 경멸}

☐ contend

컨테이너와 **텐**트는 **드**라마틱하게 싸우면서 논쟁하는가?!
{cont**e**nd - 논쟁하다}

☐ content

칸트의 **텐트**에 가득한 철학적인 내용?!
{c**o**ntent - 내용}

☐ content

컨테이너와 **텐트**로 만족하는가?!
{cont**e**nt - 만족하는}

☐ contention

컨테이너에서 **텐**트 **천** 개를 칠 수 있는가에 대한 논쟁?!
{cont**e**ntion - 논쟁}

☐ contentious

컨테이너에서 **텐**트를 **쳤으**므로 텐트는 이제 컨테이너에 포함된다는 견해는 논쟁적인가?!
{cont**e**ntious - 논쟁적인}

☐ context

칸트의 **text**가 가지는 몇 가지 의미는 다음과 같다. (글의) 전후 관계, 문맥, 맥락?!

{context - 맥락}

□ contingency

컨테이너의 **tin**(현금)이 **전 씨**의 것이고 돈으로 가득한 컨테이너의 개수가 29라는 사실이 가지는 몇 가지 의미는 다음과 같다. 우연, 우발, 가능성, 임시비, 뜻하지 않은 사고, (어떤 사건에 수반되는) 부수적인 사건, 만일의 사태?!

{contingency - 만일의 사태}

□ contour

칸트가 **tour** 하면서 그린 윤곽?!

{contour - 윤곽}

□ contract

칸트가 **track**에서 **트**림을 하면서 한 계약?!

{contract - 계약}

□ contrite

Cunt's right to be contrite?!

{contrite - 깊이 뉘우치는}

□ contrition

Country를 **shun**하던 도시 쥐가 결국 시골 쥐를 따라서 시골로 내려가기로 한 것이 가지는 몇 가지 의미는 다음과 같다. (죄를) 뉘우침, 회오, 회개?!

{contrition - 회개}

□ conundrum

Container에서 **nun**이 **drum**을 치자마자 거기서 조용히 기도하던 Father가 화를 내며 사정없이 어린 딸을 치기 시작한 것이 가지는 몇 가지 의미는 다음과 같다. 수수께끼, 난제?!

{conundrum - 난제}

□ convalesce

칸트는 **벌**레를 **스**스럼없이 죽이려다가 오히려 물려서 아프고 난 후 요양하는가?!

{convalesce - (아프고 난 후) 요양하다}

□ convalescence

칸트가 **벌**써부터 **lesson**과 **s**tudy로 쓰러지는 바람에 다시 필요한 요양?!

{convalescence - 요양}

□ convalescent

칸트는 **벌**써부터 **lesson**에서 **트**라이앵글을 칠 정도로 차도를 보이는 회복기 환자?!

{convalescent - 회복기 환자}

□ convene

컨테이너가 **빈** 것을 확인하자마자 거기에서 회의를 소집하는가?!

{convene - (모임·회의를) 소집하다}

□ convenient

컨테이너가 **비니**까 **언**제든 **트**림을 할 수 있으니 얼마나 편리한가?!

{convenient - 편리한}

□ convergence

컨테이너로 **버**려지들 **전**부가 **스**님과 함께 들어간다면 이것이 가지는 몇 가지 의미는 다음과 같다. 한 점으로 집합함, 근사 현상, 수렴?!

{convergence - 수렴}

□ convert

컨테이너가 **버**러지들의 **트**림으로 가스실처럼 되었다면 이것이 가지는 몇 가지 의미는 다음과 같다. 바꾸다, 전환하다, 전향하다, (동산을) 횡령하다, 가공하다, 개종시키다, 개종하다, 개조하다?!

{convert - 개조하다}

☐ convert

칸트에게 **버**러지의 **트**림이 가지는 몇 가지 의미는 다음과 같다. 전향자, 개종자?!
{convert - 개종자}

☐ convex

컨테이너의 **백**인 **스**님의 배는 볼록한가?!
{convex - 볼록한}

☐ conviction

컨테이너에서의 **vic**tory를 **shun**하는 자가 가지는 몇 가지 의미는 다음과
같다. 확신, 신념, 설득, 죄의 자각 그리고 유죄의 판결?!
{conviction - 유죄의 판결}

☐ copious

코피를 **어스**름한 저녁에 쏟는 것이 가지는 몇 가지 의미는 다음과 같다. 방대한,
(작가가) 다작인, (내용이) 풍부한?!
{copious - (내용이) 풍부한}

☐ cornering

코너링과 불가분의 관계에 있는 사재기?!
{cornering - 사재기}

☐ corollary

Coral과 **Larry**의 만남은 당연한 결과?!
{corollary - 당연한 결과}

☐ corps

코가 **어**디로 사라졌는지 찾기 위해 고골의 요청으로 파병한 군단?!

{corps - 군단}

□ correlation

Coral과 **레이**디가 **shun**하는 상관관계?!
{correl<u>a</u>tion - 상관관계}

□ correspond

코리아의 **스**스럼없는 **판**검사와 **드**라큘라의 유사성이 가지는 몇 가지 의미는 다음과 같다. 서신 왕래를 하다, 해당하다, 상응하다, 일치하다?!
{corresp<u>o</u>nd - 일치하다}

□ corrigible

코리아에서 **집을** 사고 싶어도 돈이 없는 대다수의 사람에게 "빚내서 집 사라."고 개소리한 쓰레기들에게 큰 집이 가지는 몇 가지 의미는 다음과 같다. 솔직하게 잘못을 인정하는, 바로잡을 수 있는, 교정할 수 있는?!
{c<u>o</u>rrigible - 교정할 수 있는}

□ coterie

코털이 가지는 몇 가지 의미는 다음과 같다. (사교·문학 연구 등을 위해 자주 모이는) 그룹, 동인(同人), 동아리, (사교계의) 쟁쟁한 사람들?!
{c<u>o</u>terie - (사교계의) 쟁쟁한 사람들}

□ counterpoint

Counter에서 **point**를 적립하면서 배우는 대위법?!
{c<u>o</u>unterpoint - 대위법(對位法)}

□ coup

쿠키를 훔치기 위해 미친 뻐꾸기들이 일으킨 쿠데타?!
{coup - 쿠데타}

□ covet

커지자 **벗**은 이제 무엇을 탐하는가?!

{covet - 탐하다}

□ coward

Car란 **word**만 봐도 피하는 겁쟁이?!

{coward - 겁쟁이}

□ crap

크리스마스에 **wrap**해서 산타클로스가 친히 매국노들, 이 늙은 아이들의 양말에 넣어준 것은 루돌프의 똥?!

{crap - 똥}

□ crash-land

Crap과 **쉬**리는 **land**가 아니라 큰집에 불시착하는가?!

{crash-land - 불시착하다}

□ creature

크리스마스에 **chur**ch에서 드린 예배의 주제가 가지는 몇 가지 의미는 다음과 같다. 인간, 생물, (신의) 피조물?!

{creature - (신의) 피조물}

□ credulous

크레파스와 **줄**넘기를 **lo**ver가 **스**님에게 시주하겠다고 하자 스님이 기뻐하는 것이 가지는 몇 가지 의미는 다음과 같다. 경솔하게 믿어버리는, 잘 속아 넘어가는, (남을) 쉽사리 믿는?!

{credulous - (남을) 쉽사리 믿는}

□ cremate

크리스마스에 **mate**의 시체를 화장하는가?!

{cremate - (시체를) 화장(火葬)하다}

□ criticize

크리스마스에는 러시아의 **size**가 지나치게 커서 선물 배달이 너무 힘들다고 루돌프가 불평하자 배가 불렀다면서 다른 사슴들이 비판하는가?!

{criticize - 비판하다}

□ crony

크로마뇽인과 니체는 많은 시간을 함께 보내는 친구?!

{crony - (많은 시간을 함께 보내는) 친구}

□ cuckold

Cunnilingus(커닐링거스)하면서 컬럭거리는 드라큘라가 가지는 몇 가지 의미는 다음과 같다. 남편을 속여 서방질하다, 오쟁이 진 남편, 부정한 아내의 남편?!

{cuckold - 부정한 아내의 남편}

□ cuisine

퀴즈에 진짜 많이 나오는 요리?! {cuisine - 요리}

□ culmination

컬링에 미친 **nation**에서는 한때 마늘의 인기가 최고조?!

{culmination - 최고조}

□ cumbersome

Cum으로 벼러지가 **some**body를 괴롭히니 이 얼마나 방해가 되고 성가신가?!

{cumbersome - 성가신}

□ cur

Curry의 여왕의 칼에 맞아 죽은 불량배와 똥개?!

{cur - 똥개}

□ curfew

Curry가 **fu**ture로 도망가려고 하자 여왕이 실시한 통행 금지?!
{**cur**few - 통행 금지}

□ curiosity

Curie 아줌마가 **city**에 데리고 온 고양이를 죽게 만든 것은 바로 호기심?!
{**curi**osity - 호기심}

□ customary

Customer에게 "**Merry** Christmas!"라고 하는 것은 관례적인가?!
{**cus**tomary - 관례적인}

□ cyanide

쌍이자 **어**리석게 **나이 드**신 매국노들에게 무상으로 제공한 청산가리?!
{**cya**nide - 청산가리}

□ cynic

씨암탉을 **Nick**이 요리해서 먹은 당년(當年)의 사건이 가지는 몇 가지 의미는 다음과 같다. 견유학파(犬儒學派) 사람, 냉소적인 사람?!
{**cy**nic - 냉소적인 사람}

□ dagger

대단한 **거**지 형제 둘이서 잔혹한 살인 충동을 마침내 발산하기 위해 집에서 가져온 양날의 단도?!
{**da**gger - (양날의) 단도(短刀)}

□ daunt

돈벌레는 **트**림으로 짚신벌레의 기를 죽이는가?!

{daunt - 기를 죽이다}

□ dawn

돈을 벌기 위해 일어난 새벽?!

{dawn - 새벽}

□ deacon

Dick은 **컨**테이너에서 고양이를 신처럼 모시는 집사?!

{deacon - (개신교의) 집사}

□ dearth

더럽게 **th**reesome이 하고 싶지만, 인원이 부족?!

{dearth - 부족}

□ debacle

Dick이란 **바**보의 **클**럽이 물에 잠긴 뽕밭과 다름없다는 사실이 가지는 몇 가지 의미는 다음과 같다. (군대·군중 따위의) 와해, 패주, (시장의) 폭락, (강의) 얼음의 깨짐, 대실패, (정부 등의) 붕괴?!

{deb**a**cle - (정부 등의) 붕괴}

□ decay

D와 **K**가 결합하면 부패하는가?!

{dec**a**y - 부패하다}

□ decease

Dick은 **씻으**면서 깨끗하게 사망하는가?!

{dec**ea**se - 사망하다}

F U N V O C A

□ decent

Dick이 **쓴 트**라이앵글로 보아 그의 **job**의 수준이나 질은 괜찮고 그의 행동은 품위 있는가?!

{de̲cent - (태도·사상·언어 등이) 품위 있는}

□ deciduous

'Dick의 **씨**암탉'이란 **주어**는 스님이 심은 나무가 낙엽성인 것처럼 덧없는가?!

{deci̲duous - 덧없는}

□ decimate

데카르트는 **쓰**레몽둥이로 **mate**들을 대량으로 죽이는가?!

{de̲cimate - 대량으로 죽이다}

□ decipher

Dick은 **Psy**cho가 **fur**niture에 써 놓은 장난 스타일의 암호를 해독하는가?!

{deci̲pher - 해독하다}

□ decline

Dick이 **클**수록 **line**이 아래로 내려가는 현상이 가지는 몇 가지 의미는 다음과 같다. 경사, 감소, 감퇴, 쇠퇴, (국가·귀족 계급 등의) 몰락, 격(格)변화하다, 감소하다, (정중히) 거절하다?!

{decli̲ne - (정중히) 거절하다}

□ decoy

Dick의 **코**는 **이**색적인 미끼?!

{de̲coy - 미끼}

□ defeat

Dick이 **feet**에 맞은 결과는 고통스러운 패배?!

{defe̲at - 패배}

72

□ defect

Dick이 **fact**ory에서 일하다가 갑자기 그만두는 것이 가지는 몇 가지 의미는 다음과 같다. 결함, 결점, 단점, 도망하다, 변절하다, (국가·주의·정당 따위를) 버리다?!

{def**e**ct - (국가·주의·정당 따위를) 버리다}

□ defy

Dick이 **f**ire를 가지고 불장난을 하는 것이 가지는 몇 가지 의미는 다음과 같다. …을 허용하지 않다, (믿기·설명하기·묘사하기 등이 거의) 불가능하다, (권위·법률·규칙 등에) 반항하다?!

{def**y** - (권위·법률·규칙 등에) 반항하다}

□ dehydration

Dick **hides rays**, **shun**ning dehydration?!

{dehydr**a**tion - 탈수증}

□ deign

데인 상처를 치료하는 덴마크 사람(**D**ane)이 가지는 몇 가지 의미는 다음과 같다. (황송하게도) …하여 주시다, (자존심을 버리고) …하다?!

{de**i**gn - (자존심을 버리고) …하다}

□ deity

Dick이 **어**머니와 **T**팬티를 공유한다는 사실이 가지는 몇 가지 의미는 다음과 같다. 신(**g**od), 신위, 신성, 신적 존재?!

{de**i**ty - 신적 존재}

□ deleterious

멜리(**D**elhi)에서 **l**over의 **T**팬티를 **R**ichard가 **어스**름한 저녁에 벗기는 것이 가지는 몇 가지 의미는 다음과 같다. 유독한, (심신에) 해로운?!

{delet**e**rious - (심신에) 해로운}

□ delinquent

Dildo로 **링**컨의 **쿠**키를 **언**년이가 **트**집을 부리면서 부스러뜨리는 것이 가지는 몇 가지 의미는 다음과 같다. 비행 소년, 태만한, 체납된, 의무를 다하지 않는, (특히 청소년이) 범죄 성향을 보이는?!

{del**i**nquent - (특히 청소년이) 범죄 성향을 보이는}

□ delirium

Dildo로 **리**무진에서 **Ri**chard의 **엄**마가 맛본 즐거움이 가지는 몇 가지 의미는 다음과 같다. 황홀, 헛소리, 정신 착란?!

{del**i**rium - 정신 착란}

□ deluge

델리(Delhi)에서 **류**머티즘으로 **지**금까지 고생하는 노아에게 쉬지 않고 내리는 비가 가지는 몇 가지 의미는 다음과 같다. 침수시키다, 쇄도하다, 쇄도, 폭주, 폭우, 대홍수?!

{d**e**luge - 대홍수}

□ demagogue

대머리들에게 **가**발로 **그**럭저럭 자연스러운 헤어스타일을 연출할 것을 강제로 권하는 선동 정치가?!

{d**e**magogue - 선동 정치가}

□ dementia

Dick이 **맨**날 **치아**를 잊어버리는 이유는 치매?!

{dem**e**ntia - 치매}

□ demise

Dick이 **마**지막에 **잊으**라고 한 말이 가지는 몇 가지 의미는 다음과 같다. 서거, 사망, 소멸, 권리 양도, 종말?!

{dem**i**se - (기관·기업·사상 등의) 종말}

□ demolish

<u>Di</u>ck은 **말리**(Mali)에서 **쉬**를 하면서 사상과 이론을 뒤집고, 담을 무너뜨리며, 건물을 철거하는가?!

{dem**o**lish - 철거하다}

□ demolition

데카르트를 **멀리**하고 **shun**하는 자의 일은 데카르트 좌표의 폭파?!

{demol**i**tion - 폭파}

□ demonstrate

데카르트는 **먼**지가 **straight**로 내려앉음을 증명하는가?!

{d**e**monstrate - 증명하다}

□ demur

Dick이 **mur**derer가 자신에게도 인권이 있다는 개소리를 하자 "염병하네!"라고 소리친 것이 가지는 몇 가지 의미는 다음과 같다. 이의, 반대, 항변하다, 반대하다, 이의를 제기하다?!

{dem**u**r - 이의를 제기하다}

□ demure

<u>Di</u>ck은 **mu**sician과의 **어**색한 만남에서 할 말이 없어서 얌전한가?!

{dem**u**re - 얌전한}

□ den

덴마크에서의 발견이 가지는 몇 가지 의미는 다음과 같다. 불법이 행해지는 밀실, 야수의 굴?!

{den - (야수의) 굴}

□ denomination

<u>Di</u>ck의 **나**체에 **미**친 **nation**에서 개나 소나 성직자 행세를 하는 기업적인

교파?!

{denomination - (기독교의) 교파}

□ denounce

Dick의 **나**체에 **운** 스님이 가지는 몇 가지 의미는 다음과 같다. 고발하다,
(공공연히) 비난하다?!

{den**o**unce - (공공연히) 비난하다}

□ denunciation

Dick이 **넌**지시 **씨**암탉과 **A**를 **shun**하는 것이 가지는 몇 가지 의미는 다음과
같다. (죄의) 고발, (공공연한) 비난?!

{denunci**a**tion - (공공연한) 비난}

□ depart

Dick의 **part**-time job이 가지는 몇 가지 의미는 다음과 같다. (직장을) 떠나다,
(세상을) 떠나다, (습관·원칙 등에서) 벗어나다, 출발하다?!

{dep**a**rt - 출발하다}

□ deposition

데카르트가 **퍼지**기를 **shun**하는 것이 가지는 몇 가지 의미는 다음과 같다.
퇴적물, 선서 증언, (특히 통치자의) 퇴위?!

{depos**i**tion - (특히 통치자의) 퇴위}

□ depravity

Dick이란 **pre**sident가 **버티**지 못하고 무너진 사실이 가지는 몇 가지 의미는
다음과 같다. 부패 행위, 비행, 타락?!

{depr**a**vity - 타락}

□ deride

Dick **ride**s those whom he derides?!

{der<u>i</u>de - 비웃다}

☐ derivative

<u>Di</u>ck에게 **river**를 **팁으**로 주자 그가 그 강에 뛰어든 사실이 가지는 몇 가지 의미는 다음과 같다. 독창적이지 않은, 새롭지 않은, 파생적인, 이차적인, 끌어낸, (주식이나 채권 등에서 파생한) 복합 금융 상품, 파생 상품, 파생물, 유도체, 도(導)함수, 파생어?!

{der<u>i</u>vative - 파생어}

☐ derogate

데카르트가 **러**시아에서 **게이**처럼 **트**림하는 것이 가지는 몇 가지 의미는 다음과 같다. 타락하다, 손상시키다, 꼴사나운 짓을 하다, (가치·명예 따위를) 떨어뜨리다?!

{d<u>e</u>rogate - (가치·명예 따위를) 떨어뜨리다}

☐ desert

디저트를 먹지 못해 절망적인 상태가 된 병사가 가지는 몇 가지 의미는 다음과 같다. 상을 받을 만한 자격, (희망·용기 등이) 사라지다, (처자·신념 따위를) 버리다, 탈영하다?!

{des<u>e</u>rt - 탈영하다}

☐ desiccate

데카르트는 **씨**암탉과 **Kate**가 젖자 건조시키는가?!

{d<u>e</u>siccate - 건조시키다}

☐ designation

Devil처럼 **지**저분한 **그**네의 **nation**에서 쓰레기들이 여기저기 싸 놓은 똥을 치우라고 선택된 사람이 먼저 가지는 몇 가지 의미는 다음과 같다. 지명, 임명, 명칭, 지정?!

{design<u>a</u>tion - 지정}

□ **desist**

Dick이 **지**나치게 **스트**립쇼에 집착하다가 사람들에게 제대로 들킨 사건이 가지는 몇 가지 의미는 다음과 같다. 단념하다, 그만두다?!

{des**i**st - 그만두다}

□ **desolate**

데카르트가 **쎌**렁한 **리**무진에서 **트**림까지 하니 더럽게 황량한가?!

{d**e**solate - 황량한}

□ **despicable**

Dick이 **스피**커로 **컵을** 깨뜨리다니 이 얼마나 비열한가?!

{desp**i**cable - 비열한}

□ **despot**

데카르트는 **스**스럼없이 **퍼트**(putt) 하다가 실수하면 캐디를 향해 골프채를 휘두르는 폭군?!

{d**e**spot - 폭군}

□ **deter**

Dick은 **ter**minal에서 버스 기사가 예정보다 빨리 출발하려는 것을 단념시키는가?!

{det**e**r - 단념시키다}

□ **detergent**

Dick의 **터전**에서 **트**림을 하면서 사용한 합성 세제?!

{det**e**rgent - 세제}

□ **deterioration**

Dick의 **T**팬티가 **real ray**를 **shun**함으로 인해 발생한 질의 저하?!

{deterior**a**tion - (질의) 저하}

□ determine

Dick은 terminal에서 민주주의의 운명을 결정하는가?!
{det<u>e</u>rmine - 결정하다}

□ detest

Dick은 test를 혐오하는가?!
{det<u>e</u>st - 혐오하다}

□ detonate

데카르트에게 터진 neighbor는 트림을 폭발시키는가?!
{d<u>e</u>tonate - 폭발시키다}

□ detract

Dick이 track에서 트림하는 것은 그의 명성을 손상시키는가?!
{detr<u>a</u>ct - 손상시키다}

□ detrimental

대출이 men에게 틀림없이 유해한가?!
{detrim<u>e</u>ntal - 유해한}

□ devastate

데카르트는 버러지들의 state를 완전히 파괴하는가?!
{d<u>e</u>vastate - 완전히 파괴하다}

□ devout

Diva는 옷으면서 기도할 정도로 독실한가?!
{dev<u>ou</u>t - 독실한}

□ dexterous

댁에서 **stu**dy하는 **러**시아 **스**님은 손재주가 비상한가?!

{d**e**xterous - 손재주가 비상한}

□ diabolic

다이내믹하게 **어**머니의 **발**을 **lick**하는 미친개는 악마적인가?!

{diab**o**lic - 악마적인}

□ diameter

다이애나가 **미**적인 **ter**minal을 향해 돌진하다가 사고가 난 터널 입구의 지름?!

{di**a**meter - 지름}

□ diametrical

다이애나의 **어**금니와 **메추리**의 **컬**링은 180도 다른가?!

{diam**e**trical - 180도 다른}

□ diarrhea

Diary에 **아**니 누가 설사?!

{diarrh**ea** - 설사}

□ diatribe

Diamond를 **tribe**가 훔치자 사람들이 극도로 흥분한 것이 가지는 몇 가지 의미는 다음과 같다. 욕, 혹평, 통렬한 비난?!

{di**a**tribe - 통렬한 비난}

□ dicey

다시 **이**것들이 **씨**암탉을 풀어 줘야 한다고 개소리하는 것이 가지는 몇 가지 의미는 다음과 같다. 확실치 않은, 아슬아슬한, 위험한?!

{di**c**ey - 위험한}

□ dichotomy

다수의 **이**기적인 **카**멜레온이 **터미**네이터에게 끝장난 이유는 '내가 하면 로맨스, 네가 하면 불륜'이라는 식의 이분법?!

{dich**o**tomy - 이분법}

□ differentiate

Dick은 퍼런 **wrench**와 **eight**를 구별하는가?!

{differ**e**ntiate - 구별하다}

□ diffraction

Dick **prac**tices **shun**ning diffraction?!

{diffr**a**ction - 회절}

□ dignity

Dick으로서도 **너**의 **T**팬티가 탐나서 같은 사이즈로 구매한 사실이 가지는 몇 가지 의미는 다음과 같다. 자존감, 존엄, 위엄, 품위?!

{d**i**gnity - 품위}

□ dilate

다양한 **일**들이 **late** night에 발생하는데 그중에서 특히 역사적인 밤일이 가지는 몇 가지 의미는 다음과 같다. 키우다, 커지다, 넓히다, 넓어지다, 상세히 설명하다, 팽창하다, 팽창시키다?!

{dil**a**te - 팽창시키다}

□ dilatory

딜러가 **토리**노에서 아직도 출발하지 않았다는 사실이 가지는 몇 가지 의미는 다음과 같다. 느린, 더딘, 지체하는, 지연하는, 미적거리는, 꾸물거리는?!

{d**i**latory - 꾸물거리는}

□ dilettante

딜러가 **탄트**라에 관해 연구하는 것이 가지는 몇 가지 의미는 다음과 같다. 어설픈 지식의 사람, (예술·문학·학술의) 아마추어 애호가, 미술 애호가, 딜레탕트?!

{dilett**ante** - 딜레탕트}

□ diminish

Dick이 **미니**카에서 **쉬**를 하자마자 그의 물건이 작아지는가?!

{dim**i**nish - 작아지다}

□ Diogenes

"**Diamond**?"**아저**씨의 **needs**가 혹시 다이아몬드가 아닌지 묻는 알렉산더 대왕에게 "He just needs the sunshine!"이라고 말한 것으로 추정되는 디오게네스?!

{Di**o**genes - 디오게네스 《그리스의 철학자. 412?-323 B.C.》}

□ diplomat

Dick plus mat is a diplomat?!

{d**i**plomat - 외교관}

□ disaster

Dick과 **재**미없는 **스**님이 **ter**minal에서 함께 목탁을 친 사건이 가지는 몇 가지 의미는 다음과 같다. 완전한 실패, 엄청난 불행, 재앙, 참사?!

{dis**a**ster - 참사}

□ discordant

This **코**에 **던**진 **트**라이앵글에서 나는 소리가 가지는 몇 가지 의미는 다음과 같다. 조화를 이루지 못하는, 귀에 거슬리는, 불협화음의?!

{disc**o**rdant - 불협화음의}

☐ discreet

This 크리스마스에 **트리**를 장식하기 위해서 **street**에 있는 나무를 가져오는 자가 가지는 몇 가지 의미는 다음과 같다. 생각이 깊은, 분별 있는, 신중한?!

{discr**eet** - 신중한}

☐ discrepancy

This 크**레**파스와 **pun**에서 **씨**암탉이 발견한 불일치?!

{discr**e**pancy - 불일치}

☐ discrete

This 크**리**스마스에 **트**리를 장식하지 않기로 한 것이 가지는 몇 가지 의미는 다음과 같다. 불연속의, 별개의, 이산(離散)의, 분리된?!

{discr**ete** - 분리된}

☐ discretion

This 크**레**파스를 **shun**하는 신중함?!

{discr**e**tion - 신중함}

☐ discrimination

This criminal **nation**에서 쓰레기 같은 가해자의 인권을 위해 피해자가 당하는 차별?!

{discrimin**a**tion - 차별}

☐ disease

Dick이 **짖으**면 그것은 병?!

{dis**ea**se - 병}

☐ dismal

디즈니랜드가 **멀**다는 사실이 가지는 몇 가지 의미는 다음과 같다. 형편없는, 참담한, 음울한?!

{dismal - 음울한}

□ disparity

This 패러디와 **T**팬티 사이의 불일치?!
{disparity - 불일치}

□ dispel

Dick의 **스펠**링은 그에 대한 의심과 우려를 없애는가?!
{dispel - (의심·우려 등을) 없애다}

□ disperse

This person이 사람들을 해산시키자 흩어지는가?!
{disperse - 흩어지다}

□ disposition

This position이 가지는 몇 가지 의미는 다음과 같다. 배치, 처분, 기질, 경향?!
{disposition - 경향}

□ dispute

This 퓨마의 **트**림으로 인한 분쟁?!
{dispute - 분쟁}

□ dissertation

Dick의 **ser**vant가 'Table을 **shun**하는 비법'에 대해 쓴 학위 논문?!
{dissertation - 학위 논문}

□ distinguish

Dick은 **sting**으로 **귀**가 **쉬**지 않고 아픈 자와 그렇지 않은 자를 구별하는가?!
{distinguish - 구별하다}

☐ distortion

Dick이 **store**를 **shun**하는 것에 대해 store가 Dick을 피한다고 주장하는 것이 가지는 몇 가지 의미는 다음과 같다. 일그러뜨림, (상의) 일그러짐, 골격 만곡, 견강부회(牽強附會), (사실·뉴스 내용 등의) 왜곡?!

{dist**or**tion - (사실·뉴스 내용 등의) 왜곡}

☐ distress

Dick이 **stress**로 인해 받는 고통?!

{distr**e**ss - 고통}

☐ diurnal

다시 **이**렇게 **어**둠이 **널** 불러도 네가 대답하지 않는 것이 가지는 몇 가지 의미는 다음과 같다. 낮의, 주간의, 일주(日周)의, 낮에 피는, 낮에 활동하는?!

{di**u**rnal - 낮에 활동하는}

☐ divergence

Dick과 **버**러지들 **전**부가 **스**님이 있는 곳까지 따로 간다면 이것이 가지는 몇 가지 의미는 다음과 같다. 분기, 일탈, (의견 등의) 차이, 발산?!

{div**e**rgence - 발산}

☐ divert

Dick은 **버**러지들이 **트**집을 잡으려고 하자 관심을 딴 데로 돌리는가?!

{div**e**rt - (주의·관심을) 딴 데로 돌리다}

☐ divination

Dick이 **비**열한 **nation**에서 의문의 죽임을 당한 것이 가지는 몇 가지 의미는 다음과 같다. 예언, 조짐, 점(占)?!

{divin**a**tion - 점(占)}

□ divinity

Dick이 **비너**스와 **T**팬티를 공유한다는 사실이 가지는 몇 가지 의미는 다음과 같다. 거룩한 사람, (이교의) 신, 신학, 신성(神性)?!

{div**i**nity - 신성(神性)}

□ divulge

Dick이 **벌지** 못한다는 사실을 누군가가 말한다면 이것이 가지는 몇 가지 의미는 다음과 같다. 폭로하다, (비밀을) 누설하다?!

{div**u**lge - (비밀을) 누설하다}

□ docile

다 **쏠**라고 하자 시키는 대로 다 쓰는 자가 가지는 몇 가지 의미는 다음과 같다. 가르치기 쉬운, 고분고분한, 유순한?!

{d**o**cile - 유순한}

□ doff

다수의 **f**riend들이 함께 하는 것이 가지는 몇 가지 의미는 다음과 같다. (나쁜 습관 따위를) 버리다, (모자·옷 따위를) 벗다?!

{doff - (모자·옷 따위를) 벗다}

□ dogma

Dog의 **마**지막은 개죽음이라는 것은 개 주인의 독단적 주장?!

{d**o**gma - 독단적 주장}

□ dogmatic

Dog는 **매**일 **tic**으로 개고생하면서도 독단적인가?!

{dogm**a**tic - 독단적인}

□ domination

다수가 **머**저리인 **nation**에서 쓰레기들이 가지는 몇 가지 의미는 다음과 같다.

권세, 우월, 지배?!

{domin**a**tion - 지배}

□ **dominion**

The mini가 **언**젠가 크게 될 수 있다는 사실이 가지는 몇 가지 의미는 다음과 같다. 영토, 영지, (영연방의) 자치령, 소유권, 통치권, 지배권?!

{dom**i**nion - 지배권}

□ **donation**

도둑들의 **nation**에서는 본인의 오른쪽 주머니에서 왼쪽 주머니로 또는 반대로 왼쪽 주머니에서 오른쪽 주머니로 돈의 위치만 바꾸는 게 그 유명한 창조적인 기부?!

{don**a**tion - 기부}

□ **doom**

파멸, 죽음, 최후의 심판, 불행한 결말을 맞게 하는 숙명과 운명 이 모든 것으로부터 구원을 받고 싶어 하는 멍청이들은 "주여! 주여!"하면서도 정작 주님이 아니라 몸과 마음은 물론 돈까지 빼앗는 사이비 목사에게 최우선 순위를 **둠**?!

{d**oo**m - 파멸}

□ **dotage**

도둑이 **T**팬티에 **지**나치게 집착하는 것이 가지는 몇 가지 의미는 다음과 같다. 망령, 맹목적 애정, 노망?!

{d**o**tage - 노망}

□ **Draconian**

드라큘라가 **ray**에 **콘이 언**니보다 먼저 녹으면 언니를 용광로에 녹여 죽이고 그 반대의 경우에는 언니의 피를 빨아 죽임으로써 프로크루스테스적인 범죄를 저지르자 영웅 테세우스가 나타나 그 악당을 같은 방식으로 죽였으니 법과 처벌에서 그는 그 얼마나 엄격한가?!

{Draconian - (법·처벌 등이) 매우 엄격한}

□ draft dodger

Dragonfly도 **f**riend도 **트**집쟁이도 **다 저**렇게 군대 갈 때만 되면 없던 정신병이 두드러기처럼 생기고 군 면제를 받자마자 그 거지 같은 병이 감쪽같이 사라지니 저들이야말로 창조적인 병역 기피자?!

{draft dodger - 병역 기피자}

□ drastic

Dragon을 **stick**으로 치는 것은 과감한가?!

{drastic - 과감한}

□ drawback

주로 백 점을 맞다가 실수로 99점을 맞는 것이야말로 우등생의 결점이자 문제점?!

{drawback - 문제점}

□ dredge

들에서 **G**는 네 큰 강을 바라보다가 천문학적인 돈을 훔치기 위해 준설하는가?!

{dredge - 준설하다}

□ droll

주님에게 **롤**빵 다섯 개와 멸치 두 마리로도 오병이어의 기적이 가능한지 묻는 사이비 목사가 가지는 몇 가지 의미는 다음과 같다. 익살을 부리다, 익살맞은 사람, 우스꽝스러운, 익살스러운?!

{droll - 익살스러운}

□ dross

주님에게 **로스**차일드의 큰 재산이 가지는 몇 가지 의미는 다음과 같다. 불순물, 찌꺼기, 부스러기, 쓸모없는 것?!

{dross - 쓸모없는 것}

□ drought

드라큘라가 **웃**자마자 발생한 가뭄?!

{drought - 가뭄}

□ duality

Dew에 **앨**리스와 **lover**의 **T**팬티가 동시에 젖자 둘의 의견은 '그냥 벗자'와 '그냥 입자'로 나뉘었지만 붉은 태양이 떠오르자 아침 이슬로 인해 젖은 팬티 파동은 끝나고 남은 것은 빛의 이중성?!

{du**a**lity - 이중성}

□ dubious

Dew와 **비**가 **어스**름한 저녁이 되면 구별이 쉽지 않아 의심스러운?!

{d**u**bious - 의심스러운}

□ DUI

Dog's **u**sual **i**nstinct?!

{DUI - driving under the influence(음주·약물 복용 운전)}

□ Dutch

The chicken을 요리한 체격이 당당한 여자는 행상인의 아내이자 네덜란드 사람?!

{Dutch - 네덜란드 사람}

□ dwindle

드라큘라의 **win들**이 줄어드는가?!

{dwindle - 줄어들다}

☐ dysfunction

This function has dysfunction?!

{dysfunction - 기능 장애}

☐ dyspeptic

This 펩시콜라와 **tic**의 결합이 가지는 몇 가지 의미는 다음과 같다. 우울한, 성질이 나쁜, 위병에 걸린, 소화 불량에서 생긴, 소화 불량의?!

{dyspeptic - 소화 불량의}

☐ E. coli

이따금 **콜라**에서도 **이**렇게 발견되는 대장균?!

{E. coli - 대장균}

☐ ebullient

이렇게 **불리**하면 **언**제나 **트**집을 부리는 쓰레기들을 역사적인 소각장에서 처리하는 작업이 사람들에게 가지는 몇 가지 의미는 다음과 같다. 원기 왕성한, 끓어 넘치는, 비등하는, 열광적인?!

{ebullient - 열광적인}

☐ eccentric

의명으로 **cen**ter에서 **trick**을 쓰는 자는 괴짜인가?!

{eccentric - 괴짜}

☐ Ecclesiastes

이들이 **클리**토리스와 **지**저분한 **ass**hole로 **tease** 하자 저들이 성적으로 애가 타서 죽는 것을 보고 "헛되고 헛되다! 모든 것이 헛되다!"라고 말한 전도서?!

{Ecclesiastes - 전도서《구약 성서 중의 한 편》}

□ ecclesiastic

이들이 **클리**토리스와 **지**나치게 **에**로틱한 **stick**으로 성스러운 joy를 맛보는 것이 가지는 몇 가지 의미는 다음과 같다. 교회(의), 목사(의), 성직자(의)?!
{ecclesiastic - 성직자(의)}

□ echelon

에로틱한 **셜록**(Sherlock)이 **란**제리를 벗기고 상습적으로 성폭력을 저지른 범인의 호텔방 가운데에서 곧장 자연사(自然死)의 비밀을 은폐한 자들이 누구인지 알아낸 것이 가지는 몇 가지 의미는 다음과 같다. 사다리꼴 대형으로 배치하다, 사다리꼴 대형을 이루다, (군대·항공기 등의) 사다리꼴 편대, 제대(梯隊), (비행기의) 삼각 편대, 특정한 임무를 띤 부대, 계층, 계급, 지위, (지휘 계통·조직 등의) 단계?!
{echelon - (지휘 계통·조직 등의) 단계}

□ eddy

에디슨이 달걀을 품은 사건이 가지는 몇 가지 의미는 다음과 같다. 소용돌이치게 하다, 소용돌이치다, 소용돌이?!
{eddy - 소용돌이}

□ Eden

E든 E가 아니든 언제나 동쪽에는 에덴?!
{Eden - 에덴}

□ editorial

Edison은 **토**했다. **Real** 쓰레기 신문의 사설에?!
{editorial - (신문의) 사설}

□ education

애주가 **K**조차 **shun**하지 않는다면 장기적으로 국가의 존망조차 위협할 수 있다면서 수시로 비판하는 것은 바로 돈과 권력에 취한 자들을 위한 현대판 음서제도 그리고 그로 인해 공정성이 제대로 무너진 교육?!

{education - 교육}

□ eel

Eel will **feel**?!
{eel - 뱀장어}

□ effigy

에로틱하게 **퍼지**는 소문의 주인공이 가지는 몇 가지 의미는 다음과 같다. 초상, 인형, 형상(形像), 상(像)?!

{**e**ffigy - 상(像)}

□ effort

에로틱한 **퍼**스트레이디의 **트**림을 참기 위한 노력?!
{**e**ffort - 노력}

□ effrontery

이 프런트에서 **털이** 나왔는데 자기네 털이 아니라고 우기는 뻔뻔함?!
{effr**o**ntery - 뻔뻔함}

□ ejaculate

이색적인 **Ja**ck은 **쿨**렉스모기가 **late** night에 피를 빨기 시작하자마자 사정하는가?!

{ej**a**culate - 사정하다}

□ elastic

일본 **레**즈비언의 **stick**이 가지는 몇 가지 의미는 다음과 같다. 탄성이 있는, 굴하지 않는, 융통성 있는, 탄력 있는?!

92

{el**a**stic - 탄력 있는}

□ elicit

일리노이에서 **씻**지 않는 것이 굳이 불법은 아니라는 합의를 이끌어 내는가?!
{el**i**cit - 이끌어 내다}

□ eligible

엘리자베스에게 **접을** 마음이 있어서 Queen Bed에서 내려온다면 평생을
기다리다가 저렇게 늙은 찰스는 이제라도 왕이든 공직자든 배우자든 회원이든
뭐든 될 자격이 있는가?!
{**el**igible - (연령이나 조건이 맞아서) 자격이 있는}

□ Elijah

일본이 **liar**처럼 **자**위 대신에 수음으로써 Ring of Fire를 타고 승천하겠다고
우길 기세를 보이자 진정한 승천이란 원숭이들이 환태평양 화산대 위에서
까불거린다고 할 수 있는 게 아니라면서 보란 듯이 chariot of fire를 타고
하늘로 올라간 예언자 엘리야?!
{El**ij**ah - 엘리야}

□ elimination

일리(一理)에 **미**친 **nation**에서는 일리 없는 모든 것은 예선에서 제거?!
{elimin**a**tion - 제거}

□ ellipse

일본 립스틱으로 그린 타원?!
{ell**i**pse - 타원}

□ elucidate

일요일에도 **Lucy**가 **date**를 즐기는 이유가 가지는 몇 가지 의미는 다음과
같다. 명료하게 하다, 설명하다, 밝히다?!

{elucidate - 밝히다}

□ emancipate

이 man은 **써**레몽둥이로 **pay**로 **트**집을 잡는 쓰레기들로부터 노예들을 해방시키는가?!
{em**a**ncipate - 해방시키다}

□ embellish

임의로 **belly**에 **쉬**를 하는 것이 가지는 몇 가지 의미는 다음과 같다. 아름답게 하다, (과장을 섞어) 재미있게 하다, 윤색하다, 장식하다, 꾸미다?!
{emb**e**llish - 꾸미다}

□ embolism

M이 **벌리**던 **즈음** B에게 발생한 색전증?!
{**e**mbolism - 색전증}

□ emerge

이 머저리들과 **G**새끼들이 저지른 악행의 증거들이 드러나는가?!
{em**e**rge - 드러나다}

□ emergency

이자와 **머**저리들과 **전**대미문의 **씨**암탉이 창조한 짜고 치는 고스톱에 미친 듯이 광 판 새들까지 가세하니 나라는 그야말로 비상?!
{em**e**rgency - 비상(非常)}

□ emigrate

M이 great person B와 함께 큰집이 있는 다른 나라로 이주하는가?!
{**e**migrate - (다른 나라로) 이주하다}

□ emphasize

MB(Bachelor of Medicine)는 <u>fu</u>rniture의 **size**가 커야 더 많은 돈을 숨길 수 있음을 강조하는가?!

{<u>e</u>mphasize - 강조하다}

□ empirical

<u>임</u>시적이지만 **피리**와 **컬**링으로 스트레스를 해소할 수 있다는 사실은 경험적인가?!

{emp<u>i</u>rical - 경험적인}

□ empyema

<u>M</u>이 **파이**를 **이마**에 붙이자마자 생긴 축농증?!

{empy<u>e</u>ma - 축농증}

□ encyclopedia

<u>인</u>도에서 **cycle**로 **PD** 아들이 질주하다가 발견한 백과사전?!

{encyclop<u>e</u>dia - 백과사전}

□ endeavor

<u>인</u>간적인 **대**통령은 **버**러지들의 발악에도 불구하고 항구적인 평화를 위해 노력하는가?!

{end<u>ea</u>vor - 노력하다}

□ endemic

<u>엔</u>지니어가 **de**sk를 **믹**서로 가는 것이 가지는 몇 가지 의미는 다음과 같다. 풍토병, 지방병, (병이) 한 지방에 특유한, 풍토성의?!

{end<u>e</u>mic - 풍토성의}

□ endorse

<u>인도</u> 스님도 한반도의 평화를 공개적으로 지지하는가?!

{end<u>o</u>rse - (공개적으로) 지지하다}

□ endow

인어가 **다**시 **우**리의 왕자에게 꼬리를 치는 것이 가지는 몇 가지 의미는 다음과 같다. (병원·학교 등에) 기부하다, (능력·자질 등을) …에게 주다?!
{end**o**w - (능력·자질 등을) …에게 주다}

□ enemy

에로틱하고 **너**저분한 **미**친개는 공공의 적?!
{**e**nemy - 적}

□ enhance

인어는 **핸**섬하고 **스**마트한 왕자를 구함으로써 아름다운 공주로서의 가치를 높이는가?!
{enh**a**nce - (가치·능력·매력 따위를) 높이다}

□ enjoin

인조인간에게 성형외과 의사가 가지는 몇 가지 의미는 다음과 같다. 금지하다, (침묵·순종·행동 따위를) 요구하다, 명령하다?!
{enj**o**in - 명령하다}

□ enmity

N이 **머**저리에게 **T**팬티를 빼앗긴 사건이 가지는 몇 가지 의미는 다음과 같다. 증오, 원한, 적의?!
{**e**nmity - 적의(敵意)}

□ enormous

이자들이 **노**를 **머**저리처럼 **스**스럼없이 짜고 치는 고스톱으로 죽인 후폭풍은 그야말로 거대한가?!
{en**o**rmous - 거대한}

□ ensue

인분을 **쑤**시니 똥파리가 뒤따르는가?!

{ens**ue** - (어떤 일·결과가) 뒤따르다}

□ entangle

인어는 **탱글**탱글한 몸매로 왕자를 얽히게 하는가?!

{ent**a**ngle - 얽히게 하다}

□ enteritis

엔터테이너가 **r**ice를 **티스**푼으로 먹자마자 걸린 장염?!

{enter**i**tis - 장염}

□ enthrall

인간은 **th**ree **롤**빵으로 가난한 자들의 마음을 빼앗아서 노예로 만드는가?!

{enthr**all** - 노예로 만들다}

□ entice

인어는 **타이**를 **스**스럼없이 잡아당기면서 왕자를 유혹하는가?!

{ent**i**ce - 유혹하다}

□ entity

엔터테이너는 **T**팬티가 필요한 독립체이자 존재?!

{**e**ntity - 존재}

□ enzyme

N이 **자임**해서 개발한 특수 효소?!

{**e**nzyme - 효소}

□ epic

에로틱하게 **픽** 쓰러진 자들에 대한 서사시?!

{**ep**ic - 서사시}

□ epigram

에로틱한 **pig**는 **gram** 단위로 판매할 때 가장 잘 팔린다는 사실이 가지는 몇 가지 의미는 다음과 같다. (짧은) 풍자시, 경구(警句)?!

{**ep**igram - 경구(警句)}

□ epiphany

이 피곤하고 **funny** 한 세상에 그것도 베들레헴의 허름한 여인숙 마구간에서 태어난 사랑스러운 아기 예수를 본 자라면 굳이 박사가 아니어도 누구든지 직관적으로 알 수 있는 신의 출현?!

{**epi**phany - (신이나 초자연물의) 출현}

□ epistemology

이 피스톤이 **터**지든 말든 **lo**vemaking은 **지**속되어야 한다는 인식론?!

{**epist**emology - 인식론}

□ Epistle

잎이 슬프게 떨어지자 기쁘게 도착한 사도 서간?!

{**Epi**stle - 사도 서간}

□ epithet

에로틱한 **pig**가 **the**ft(도둑질)로써 **트**라이앵글을 손에 넣고 치기 시작하자 사람들이 그 돼지를 가리켜 '음악적인 삼겹살'이라고 부른 것이 가지는 몇 가지 의미는 다음과 같다. 성질을 나타내는 형용사, (어떤 사람·집단에 대한) 욕설, 통칭, 별명?!

{**ep**ithet - 별명}

□ epitome

이 **Peter**는 **미**적인 몽상가의 전형?!
{ep**i**tome - 전형}

□ epoch

에로틱한 **퍽**(puck)으로 이룩한 아이스하키의 신기원?!
{**e**poch - 신기원(新紀元)}

□ equilibrium

Equal(동등한 것)과 **리**무진이 **bri**dge에서 **엄**청난 속도로 달리다가 마침내 도달한 것은 바로 마음의 평정과 평형?!
{equil**i**brium - 평형}

□ equivalent

이 **퀴**즈에서 **벌**린(Berlin)과 **런**던은 **t**wins처럼 가치·의미·중요도 등이 동등한가?!
{equ**i**valent - (가치·의미·중요도 등이) 동등한}

□ equivocal

이 **퀴**즈에서 **버**러지가 **컬**럭거리면서 답으로 제시한 낱말과 진술이 모호한가?!
{equ**i**vocal - (낱말·진술이) 모호한}

□ equivocate

이 **퀴**즈에서 **버**러지는 **Kate**에게 모호한 말을 쓰는가?!
{equ**i**vocate - 모호한 말을 쓰다}

□ eradicate

이 **radi**sh를 **Kate**는 뿌리째 뽑는가?!
{er**a**dicate - 뿌리째 뽑다}

□ eschatology

<u>에스</u>더의 <u>커</u>밍아웃과 <u>탈</u>진하기까지의 **lo**vemaking! **지**친 이제 남은 것은 종말론?!

{eschat<u>o</u>logy - 종말론}

□ eschew

<u>이</u> 스님에게 **chew** 할 수 없는 고기가 가지는 몇 가지 의미는 다음과 같다. 삼가다, 피하다?!

{esch<u>ew</u> - 피하다}

□ esophagus

<u>이</u>기적인 <u>싸</u>움닭이 <u>퍼</u>마신 <u>것으</u>로 추정되는 뇌물이 발견된 곳은 바로 식도?!

{es<u>o</u>phagus - 식도}

□ esoterical

<u>애써</u> **Terry**가 <u>컬</u>링 국가대표 선수가 되어서 목격한 것은 바로 무자격자들이 지도자랍시고 최고 연봉을 받으면서 온갖 전횡을 일삼고 있는 어이없는 현실! 이 어이없는 현실이 가지는 몇 가지 의미는 다음과 같다. 소수만 이해하는, 비법을 이어받은, 심원한, 난해한, 내밀한, 비밀의, 비전(秘傳)의?!

{esot<u>e</u>rical - 비전(秘傳)의}

□ essence

<u>애쓴</u> <u>스</u>승이 끝까지 애쓰면서 제자들에게 가르치고자 한 것은 한 알의 밀알처럼 자신이 죽어야 많은 열매를 맺을 수 있다는 희생의 본질?!

{<u>e</u>ssence - 본질}

□ establish

<u>이</u> <u>스</u>스럼없는 <u>태블</u>릿과 <u>리</u>비도로 <u>쉬</u>리는 뻥 재단을 설립하는가?!

{est<u>a</u>blish - 설립하다}

□ esteem

이 **steem**을 증기라고 간주하고 존중하며 존경하는가?!
{est**ee**m - 존경하다}

□ estrogen

S를 **틀**어쥔 **전**라의 미인을 돼지처럼 발정하게 만든 에스트로겐?!
{**e**strogen - 에스트로겐}

□ ethics

에로틱하고 **thick**한 **스**님이 가지는 몇 가지 의미는 다음과 같다. 도덕 원리,
윤리, 윤리학?!
{**e**thics - 윤리학}

□ etymology

에로틱하게 **터**지든 **말**든 **lo**vemaking은 **지**속되어야 한다는 어원학?!
{etym**o**logy - 어원학}

□ eugenics

유명한 **Je**nny와 **Nix**on이 비판한 우생학?!
{eug**e**nics - 우생학}

□ eulogy

You'll love **Je**sus'eulogy?!
{**eu**logy - 찬사}

□ eunuch

유럽에서 **넋**이 나간 환관?!
{**eu**nuch - 환관}

☐ euthanasia

<u>유</u>럽에서 **Thursday**에 **nei**ghbor의 **지아**비에게 허용한 안락사?!
{euth**a**n**a**sia - 안락사}

☐ evangel

입엔 **절**대적으로 맞지 않는 떡처럼 보이지만 사실 베들레헴 떡집에서 태어난 그 떡이야말로 죽은 영혼을 살리는 생명의 떡이라는 사실은 마음이 가난한 자들을 위한 복음?!
{ev**a**ngel - 복음}

☐ evolve

이렇게 **밝으**면서 진화하는가?!
{ev**o**lve - 진화하다}

☐ ewe

유명한 솔로몬의 아버지 다윗이 한때 정욕에 눈이 멀어 가난한 사람이 가장 소중히 여기는 것을 빼앗았으니 그것은 바로 그 가난한 자의 암양?!
{ewe - 암양}

☐ exactly

이것이 **그**러니까 **잭**의 **틀니**라고? 정확히?!
{ex**a**ctly - 정확히}

☐ exaggeration

이자가 **그제 저 ray**를 **shun**하자마자 X-ray를 발견했다는 것은 과장?!
{exagger**a**tion - 과장}

☐ exalt

이렇게 **그**가 **졸**면서 **트**라이앵글을 멋지게 치자 사람들이 박수를 치는 것이 가지는 몇 가지 의미는 다음과 같다. 의기양양하게 만들다, 칭송하다,

(명예·품위·관직·신분 따위를) 높이다?!

{ex**al**t - (명예·품위·관직·신분 따위를) 높이다}

□ excise

엑스의 **size**가 가지는 몇 가지 의미는 다음과 같다. 물품세, 소비세?!

{**ex**cise - (국내) 소비세}

□ exculpation

X가 **컬**링에서 **pay**를 **shun**하는 것이 가지는 몇 가지 의미는 다음과 같다. 변명, 변호, 무죄로 함, 무죄의 증명?!

{exculp**a**tion - 무죄의 증명}

□ execute

엑스는 **씨**암탉이 **cute**한 척하자 기분이 더러워져서 암살 계획을 실행하고 처형하는가?!

{**ex**ecute - 처형하다}

□ exempt

Exam에서 **p**rincipal은 **t**wins 둘이 오답까지 같을 정도로 그야말로 무식하게 답만 외운 덕분에 성적이 바닥에서 꼭대기로 수직 상승했지만 당장 숙명적인 부정행위에 대한 물증은 없다면서 학교 측의 책임을 면제하는가?!

{ex**e**mpt - (책임·의무 따위에서) 면제하다}

□ exemption

Exam을 **pro**처럼 **shun**하고 싶은 쌍둥이에게 특별히 모의고사는 이제부터 영원히 면제?!

{ex**e**mption - (책임·의무 따위에 대한) 면제}

□ exhaustion

이놈과 **그**로테스크한 **조**년의 **스**스럼없는 **천**민자본주의로 인해 착취당한

103

사람들은 그야말로 기진맥진?!

{exhaustion - 기진맥진}

□ exhibit

이처럼 그리스도의 지고지순한 빛은 인간의 추악함을 드러내는가?!

{exhibit - 드러내다}

□ exhibition

엑스의 서비스를 shun하는 Y의 전시회?!

{exhibition - 전시회}

□ exhilaration

이렇게 그가 질러먹다가 ray를 shun하면서 느끼는 들뜬 기분?!

{exhilaration - 들뜬 기분}

□ exhort

이렇게 그가 조심스럽게 트림하자 그녀가 이왕 할 거면 제대로 하라고 말하는 것이 가지는 몇 가지 의미는 다음과 같다. 간곡히 타이르다, 권고하다, 촉구하다, 훈계하다?!

{exhort - 훈계하다}

□ exigent

액체교환에서 씨암탉이 전라로 트라이앵글을 치다가 이제 곧 쌀 것 같다면서 새로운 변기를 주문하는 것이 가지는 몇 가지 의미는 다음과 같다. 절박한, 급박한, 긴급한, 위급한, 자꾸 요구하는?!

{exigent - 자꾸 요구하는}

□ exist

이렇게 그들은 지나치게 스트레스를 받으면서 존재하는가?!

{exist - 존재하다}

□ existentialist

Egghead로서 **지**금은 **스**스로 **텐**트에서 **철**학자의 **리스트**를 작성하고 있는 실존주의자?!

{exist**e**ntialist - 실존주의자}

□ exoneration

이자도 **그자**도 **너**도 **ray**를 **shun**하는 것이 가지는 몇 가지 의미는 다음과 같다. 결백함을 입증함, 의무의 면제, 면책?!

{exoner**a**tion - 면책}

□ exotic

이자도 **그자**도 **tic**으로 이국적인가?!

{ex**o**tic - 이국적인}

□ expedition

X가 **PD**를 **shun**하면서 떠난 탐험과 원정?!

{exped**i**tion - 원정}

□ expel

익살꾼이 **스펠**링을 틀리자 쫓아내는가?!

{exp**e**l - 쫓아내다}

□ expertise

X persons **tease** with the expertise?!

{expert**i**se - 전문 지식}

□ expiation

X와 **P**가 **A**를 **shun**한 것에 대한 속죄?!

{expi**a**tion - 속죄}

☐ explanation

X plus **nation** is an explanation?!
{explan**a**tion - 설명}

☐ exponential

X를 **퍼낸 철**수 작전이 가지는 몇 가지 의미는 다음과 같다. 지수(指數)의, 전형의, 급격한, (증가율 등이) 기하급수적인?!
{expon**e**ntial - (증가율 등이) 기하급수적인}

☐ extant

액체를 **스턴트**맨이 스턴트우먼과 교환했다는 충격적인 문서와 기록이 현존하는가?!
{**e**xtant - (문서·기록 따위가) 현존하는}

☐ extol

익명의 **스**님에게서 **톨**스토이가 감화를 받아 비폭력주의를 신봉하는 채식주의자가 된 사실이 가지는 몇 가지 의미는 다음과 같다. 칭찬하다, 격찬하다?!
{ext**o**l - 격찬하다}

☐ extraterrestrial

Extra의 **털**에 **스트**레스가 **real**이라고 말한 외계인?!
{extraterr**e**strial - 외계인}

☐ extravagant

익명의 **스**님과 **travel**하는 **버**러지가 **건**방지게 **트**림하는 것이 가지는 몇 가지 의미는 다음과 같다. 터무니없는, 사치스러운, 낭비벽이 있는?!
{extr**a**vagant - 낭비벽이 있는}

☐ extrovert

X는 **tru**ck에서 **버**러지가 **트**림을 하자마자 더럽다고 소리치는 외향적인 사람?!

{**extrovert** - 외향적인 사람}

☐ Ezekiel

이것들이 **지**렁이처럼 **키**득거리면서 **열**간이들로 만원을 이룬 쓰레기장에서, 지난날 억울하게 죽임을 당한 백성들을 조롱하는 것을 보고 준엄한 하늘의 심판을 예언한 에스겔?!

{**Ezekiel** - 에스겔 《기원전 6세기경 유대의 예언자》}

☐ facade

퍼마시던 **싸**움닭이 **드**디어 양계장 주인의 심판을 받게 된 것이 가지는 몇 가지 의미는 다음과 같다. (사물의) 겉, 외관, 허울, (건물의) 정면?!

{**facade** - (건물의) 정면}

☐ facetious

Fucking하는 **씨**암탉이 **셔**츠를 **스**스럼없이 벗다가 통닭이 된 것이 가지는 몇 가지 의미는 다음과 같다. 경박한, 까부는, 우스운, 익살맞은?!

{**facetious** - 익살맞은}

☐ faction

Fact를 **shun**하고 역사를 왜곡하면서 주둥이로 배설하는 쓰레기들이 가지는 몇 가지 의미는 다음과 같다. 도당, 당파, (정당·정부·기관 등의) 파벌?!

{**faction** - (정당·정부·기관 등의) 파벌}

□ faculty

Family가 **컬**러 **T**팬티를 공유하는 것이 가지는 몇 가지 의미는 다음과 같다. (대학교 학부의) 교수단, (대학·고교의) 교직원, (의사·변호사 등의) 동업자 단체, (대학의) 학부, (특정한) 능력, (신체적·정신적) 능력?!

{**fa**culty - (사람이 타고나는 신체적·정신적) 능력}

□ fallow

Fellow가 한동안 밭에 아무런 씨도 뿌리지 않는 것이 가지는 몇 가지 의미는 다음과 같다. (땅을) 갈아만 놓고 놀리다, (농토를) 묵히다, 놀리는 땅, 휴한지, (이용 가치가 있는데도) 사용하지 않는, 교양 없는, 휴한 중인, (밭 따위를) 묵히고 있는?!

{**fa**llow - (밭 따위를) 묵히고 있는}

□ falter

Fall(가을)에 **ter**minal에서 말을 더듬으면서 비틀거리는가?!

{**fa**lter - 비틀거리다}

□ fanatic

퍼내다가 **tic**이 발생한 광신도?!

{fan**a**tic - 광신도}

□ fang

팽(烹) 당한 뱀의 독아?!

{fang - (뱀의) 독아(毒牙)}

□ fastidious

"**Fast**(단식)에는 **T**팬티!"라면서 **Dick**이 **어스**름한 저녁에 T팬티를 입는 것이 가지는 몇 가지 의미는 다음과 같다. 세심한, 꼼꼼한, 가림이 심한, 선호에 까다로운?!

{fast**i**dious - (선호에) 까다로운}

□ fatal

Face를 **틀**에 박힌 듯이 고치는 것은 이른바 성괴(성형 괴물)가 될 수 있다는 점에서 치명적인가?!

{**fa**tal - 치명적인}

□ fathom

패배자는 **덤**덤하게 패배의 깊이를 재는가?!

{**fa**thom - 깊이를 재다}

□ fatuous

Fat을 **chew**하는 **어**느 **스**님이 가지는 몇 가지 의미는 다음과 같다. 실체가 없는, 어리석은, 바보의, 얼빠진?!

{**fa**tuous - 얼빠진}

□ feat

Feet로만 가능한 묘기와 위업?!

{feat - 위업}

□ feckless

페미니스트의 **클리**토리스에 **스**님이 흥분해서 그 자리에서 벌떡 일어서지 않는 것이 가지는 몇 가지 의미는 다음과 같다. 무기력한, 무책임한, 쓸모없는?!

{**fe**ckless - 쓸모없는}

□ fecundity

Philippa의 **cun**t와 **더**불어 **T**팬티가 가지는 몇 가지 의미는 다음과 같다. 암컷의 생식 능력, 풍부한 상상력, 다산(多産)?!

{**fecun**dity - 다산(多産)}

□ feline

Feel lines, and you will find something feline?!

{fe**l**ine - 고양이 같은}

□ felon

펠라티오로 **런**던에서 누군가를 미치게 만든 중죄인?!
{**fel**on - 중죄인}

□ felony

펠라티오로 **L**ondon에서 **니**체를 미치게 만든 것은 중죄?!
{**fel**ony - 중죄}

□ fertile

퍼스트레이디는 **틀**니가 빠져도 여전히 생식 능력이 있고 상상력이 풍부하며 땅은 비옥한가?!
{**fer**tile - (땅이) 비옥한}

□ fetid

Feminist의 **T**팬티가 **드**라큘라를 기절시킨 전대미문의 사건이 가지는 몇 가지 의미는 다음과 같다. 고약한 냄새가 나는, 악취가 진동하는?!
{**fet**id - 악취가 진동하는}

□ fiasco

Philip의 **ass**hole로 **co**bra가 진입하려다 맛본 큰 실패?!
{**fia**sco - 큰 실패}

□ filibuster

Philip이 **버**스에서 **터**지는 바람에 피를 흘리면서 한 의사 진행 방해 연설?!
{**fili**buster - 의사 진행 방해 연설}

□ fixture

픽 스쳐 지나가는 바람이 본 것은 정착물처럼 특정한 날짜와 장소에서 개최하기로 되어 있는 경기 그리고 어떤 직책, 자리 따위에 오래 앉아 있는 사람?!

{fixture - (어떤 직책, 자리 따위에) 오래 앉아 있는 사람}

□ flagrant

플레밍에게 "이놈!"그런다고 트림을 하다니, 그 얼마나 극악무도한가?!

{flagrant - 극악무도한}

□ flay

플레밍은 이들이 자신의 오른손 법칙과 왼손 법칙을 이해하지 못하자 그들의 가죽을 벗기고 돈을 뜯어내면서 혹평하는가?!

{flay - 혹평하다}

□ florid

플로리다에서 드라큘라가 '피를 빨아 마시는 창조적인 기술'을 주제로 진행한 프레젠테이션이 가지는 몇 가지 의미는 다음과 같다. 화려한, 현란한, 찬란한, 불그레한, 혈색이 좋은, (문장·연설·건축 따위가) 장식이 너무 많은?!

{florid - (문장·연설·건축 따위가) 장식이 너무 많은}

□ fluke

Flu로 크리스마스에 쉬던 루돌프가 코를 풀고 던진 휴지가 휴지통에 골인한 사건이 가지는 몇 가지 의미는 다음과 같다. 어쩌다 들어맞다, 어쩌다 들어맞음, 고래의 갈라진 꼬리, 닻혀, (창·작살·낚시 등의) 미늘, 요행수?!

{fluke - 요행수}

□ flummox

플러스를 먹고 스스럼없이 마이너스를 토하는 자는 누구를 당황하게 하는가?!

{flummox - 당황하게 하다}

□ foible

Foreigner가 이렇게 'Blue House'를 '우울한 집'이라고 부르는 것이 가지는 몇 가지 의미는 다음과 같다. 무척 좋아하는 것, 칼의 약한 부분, (별로 해롭지 않은) 기벽, 결점, (애교로 봐줄 수 있는) 약점?!

{foible - (애교로 봐줄 수 있는) 약점}

□ folly

팔리지 않는 그림을 미친 듯이 그리다가 이제는 빛나는 별이 된 고흐의 어리석음?!

{folly - 어리석음}

□ forage

Foreigner들이 **지**저분하게 몰려드는 것이 가지는 몇 가지 의미는 다음과 같다. 꼴, 마초, 침입, 침입하다, 약탈하다, 찾아다니다, (동물이) 마초를 찾아다니다?!

{forage - (동물이) 마초를 찾아다니다}

□ forestall

Force로 **tall**을 차지하는 short가 생기지 않도록 track에서 쓰레기를 치우는 것이 가지는 몇 가지 의미는 다음과 같다. (이익을 위해) 매점하다, 기선을 제압하다, 미연에 방지하다?!

{forestall - 미연에 방지하다}

□ forgo

Four ghosts는 〈오페라의 유령〉을 보고 싶은 것을 포기하는가?!

{forgo - (하고 싶은 것 혹은 갖고 싶은 것을) 포기하다}

□ fornicate

For Nietzsche, **Kate** will fornicate?!

{fornicate - 간통하다}

□ fortuitous

Foreigner가 **Tue**sday에 **어**머니에게 **터**지자마자 **스**님이 목탁을 치기

시작한 사건이 가지는 몇 가지 의미는 다음과 같다. 예기치 않은, 뜻밖의, 행운의, 우연한?!

{fortuitous - 우연한}

□ frantic

Friend의 tic이 가지는 몇 가지 의미는 다음과 같다. 광란의, 굉장한, 필사적인, 두려움·걱정으로 제정신이 아닌?!

{frantic - (두려움·걱정으로) 제정신이 아닌}

□ fraud

'프로이트(Freud)의 Dreams의 해석에 대한 재해석'이 가지는 몇 가지 의미는 다음과 같다. 가짜, 엉터리, 사기꾼, 사기?!

{fraud - 사기}

□ freight

Friend, ray, triangle로 구성된 화물?!

{freight - 화물}

□ friary

Fry는 어리더라도 할 수 있어야 한다고 주장하는 수도원?!

{friary - 수도원}

□ frustrate

France를 Russia는 straight로 좌절시키는가?!

{frustrate - 좌절시키다}

□ futile

Future는 틀림없이 오는 법이니 왜곡된 과거로 미래를 막는 것은 쓸데없는가?!

{futile - 쓸데없는}

□ gadget

개 짖는 소리에 등장한 장치?!

{g**a**dget - 장치}

□ gaffe

개새끼가 **friend**를 물어 죽이겠다는 개소리로 딴 나라의 국회의원에 당선되자 "저딴 개새끼가 무슨 국회의원!"이라면서 사람들이 분노하는 것이 가지는 몇 가지 의미는 다음과 같다. 과실, 실수, (특히 사교·외교상의) 실언?!

{g**a**ffe - (특히 사교·외교상의) 실언}

□ gainsay

개인의 **sex**에 **이**러쿵저러쿵하는 것이 가지는 몇 가지 의미는 다음과 같다. 부정, 반박, 반박하다, 부정하다?!

{g**ains**a**y** - 부정하다}

□ gall

골 빈 인간이 가지는 몇 가지 의미는 다음과 같다. 문질러 벗기다, 성나게 하다, (동물의) 담즙, 쓸개즙, 쓴맛, 원한, 증오, 찰과상, 철면피, 뻔뻔함?!

{g**a**ll - 뻔뻔함}

□ gam

Gambler와 도박을 즐기는 고래 떼?!

{gam - 고래 떼}

□ gambit

Gambler들이 "**빚**내서 집 사라."는 개소리를 믿고 빚내서 집을 사자마자 곡소리 나게 집값이 내려가기 시작하는 것이 가지는 몇 가지 의미는 다음과 같다. (졸 따위를 희생하고 두는) 첫수, (행동·거래 등의) 시작, (선수 치는) 작전, (유리한 입장에 서기 위한) 책략?!

{gambit - (유리한 입장에 서기 위한) 책략}

□ game

게임에서 사냥감은 투지만만한가?!

{game - 투지만만한}

□ gamut

개들이 멋대로 말아먹은 나라 전체?!

{gamut - 전체}

□ garner

가슴을 너무나 적나라하게 드러낸 여신에게로 사람들이 모여드는 것이 가지는 몇 가지 의미는 다음과 같다. 곡창(穀倉), 저장, (지혜·사상 따위의) 축적, 축적하다, 득점하다, 득표하다, 모으다, (정보·지지 등을) 얻다?!

{garner - (정보·지지 등을) 얻다}

□ gash

개들이 쉬지 않고 사람을 물어 죽이는 것이 가지는 몇 가지 의미는 다음과 같다. 깊은 상처를 입히다, 깊이 찔리다, (지면의) 갈라진 틈, 여성의 성기, 깊은 상처?!

{gash - 깊은 상처}

□ gastric

Gas와 trick으로 가득한 위의?!

{gastric - 위(胃)의}

□ gauge

게이는 〈G선상의 아리아〉와 같은 평가·판단 기준으로 남의 기분이나 태도를 측정하고 판단하는가?!

{gauge - (남의 기분이나 태도를) 판단하다}

□ geezer

기저귀를 차고 독한 술을 마시는 괴상한 늙은이?!
{**geez**er - 괴상한 늙은이}

□ genetic

지네의 **tic**은 유전적인가?!
{gen**e**tic - 유진직인}

□ genital

Jenny에게도 **틀**림없이 있는 생식기?!
{g**e**nital - 생식기}

□ gentrification

Gentlemen이 **tri**ck처럼 **Phi**lip과 **Ka**te가 **shun**하는 낙후된 구도심
지역으로 몰려들면서 발생한 현상은 기존의 저소득층 원주민들이 내몰리게 만든
주택가의 고급 주택화?!
{gentrific**a**tion - (주택가의) 고급 주택화}

□ genuine

January에 **인**어를 낚았다면 확실히 진짜?!
{g**e**nuine - 진짜의}

□ geometer

지아비가 **미**치자마자 **ter**minal에 버스를 타고 도착한 자벌레와 기하학자?!
{ge**o**meter - 기하학자}

□ germ

점점 증가하는 세균?!

{germ - 세균}

□ germane

저렇게 **매인** 자는 이렇게 매인 자와 밀접한 관계가 있는가?!

{germ**a**ne - 밀접한 관계가 있는}

□ gerontocracy

제갈동지들이 **run**하면서 **타**자마자 **crush**된 **씨**암탉이 가지는 몇 가지 의미는 다음과 같다. 노인 정부, 노인 정치?!

{geront**o**cracy - 노인 정치}

□ gethsemane

Get sexy **money**, and Jesus will pray even for you Judas here in Gethsemane?!

{겟세마네(Gethsemane)는 예수가 처형당하기 전날 최후로 기도한 장소로 예루살렘의 동쪽 감람산 기슭에 있는 동산이다.}

□ gist

G새끼가 **스트**립쇼를 즐기기는 했지만, 교회에서 일하는 관계로 노출된 하반신은 절대 보지 않았다는 개소리가 가지는 몇 가지 의미는 다음과 같다. 골자, 요지, 요점?!

{gist - 요점}

□ glib

글쎄, **lip으**로 하는 자가 가지는 몇 가지 의미는 다음과 같다. 유창한, 그럴듯한, 입심 좋은, 말을 잘하는?!

{glib - 말을 잘하는}

□ globalize

Global lies(세계적인 거짓말들)로 세계화하는가?!

{globalize - 세계화하다}

□ glutton

글러브를 **튼**튼한 이빨로 물어뜯는 자가 가지는 몇 가지 의미는 다음과 같다. 지칠
줄 모르는 사람, 끈덕진 사람, 식충이, 대식가?!
{glutton - 대식가}

□ gluttony

글러브를 **터니**끼 모마르고 배가 고파서 폭음, 폭식, 대식?!
{gluttony - 대식}

□ gnash

내일도 **쉬**지 않고 오늘처럼 이를 갈 것인가?!
{gnash - (분노·유감 따위로 이를) 갈다}

□ gnostic

나체로 **stick**에서 joy를 이끌어 내는 그노시스 교도?!
{Gnostic - 그노시스 교도}

□ go

바둑의 세계를 제패한 알파**고**?!
{go - 바둑}

□ go viral

"**Go**, **바**이러스!"**이럴**수록 입소문이 나는가?!
{go viral - 입소문이 나다}

□ goad

고드름으로 찌르는 것이 가지는 몇 가지 의미는 다음과 같다. (가축을 몰 때 쓰는)
막대기, (귀찮게 하여 무엇을 하게 만드는) 자극, 뾰족한 막대기로 찌르다, 자극하다,

118

부추기다, (~을 할 때까지) 들들 볶는다?!

{goad - (~을 할 때까지) 들들 볶는다}

☐ gobbledegook

가볍게 **bl**ow하던 **Di**ck이 **국**물을 흘린 것에 대해 "무겁지 않게 입을 오므리고 날숨을 내어 보내어 바람을 일으키던 Richard의 애칭을 이름으로 가진 남자가 국·찌개·김치 따위의 음식에서 건더기를 제외한 물을 떨어뜨려서 밖으로 새게 했다."라는 식으로 표현하는 것이 가지는 몇 가지 의미는 다음과 같다. 딱딱한 표현, 우회적인 표현, (공문서 따위의) 복잡하고 이해하기 힘든 표현?!

{gobbledegook - (공문서 따위의) 복잡하고 이해하기 힘든 표현}

☐ godly

가슴이 **들리**는 자는 경건한가?!

{godly - 경건한}

☐ goliath

걸레와 **lia**r가 **th**reesome을 위해 찾아갔지만 이미 David에게 죽임을 당한 골리앗?!

{Goliath - 골리앗}

☐ goon

군을 등에 업고 온갖 악행을 저지른 깡패?!

{goon - 깡패}

☐ gory

골이 터지자마자 시작된 선수들의 패싸움이 가지는 몇 가지 의미는 다음과 같다. 처참한, 잔학한, 유혈이 낭자한, 피투성이의?!

{gory - 피투성이의}

□ gossamer

가슴과 **summer** 사이에서 발견된 것이 가지는 몇 가지 의미는 다음과 같다. 얇고 부드러운, 가볍고 얇은, 섬세한, 덧없는, 섬세한 것, 덧없는 것, 얇은 천, (아주 가는) 거미줄?!

{gossamer - (아주 가는) 거미줄}

□ gouge

가증스레 **우**리에게 **지**나치게 거품이 가득한 부동산을 구매하도록 "빚내라."라고 개소리하는 자들이 가지는 몇 기지 의미는 다음과 같다. 둥근 끌, 사기, 사기꾼, 부당 착취, (눈알 따위를) 도려내다, 착취하다, 둥근 끌로 파다, 바가지를 씌우다?!

{gouge - 바가지를 씌우다}

□ graft

Graph와 **트**라이앵글의 결합이 가지는 몇 가지 의미는 다음과 같다. 접(椄)붙이다, 접붙이기, (피부 따위를) 이식하다, (피부 따위의) 이식, 독직하다, (공무원 등의) 독직, 뇌물 수수?!

{graft - 뇌물 수수}

□ granite

Grandfather가 **니**체의 **트**림에 구역질이 나서 던진 화강암?!
{granite - 화강암}

□ grapple

그래프에서 **플**러스와 마이너스가 가지는 몇 가지 의미는 다음과 같다. 격투, 드잡이, 맞붙어 싸우다, 붙잡다, 해결책을 찾아 고심하다?!

{grapple - (해결책을 찾아) 고심하다}

□ gravity

Grass에서 **버티**던 이슬이 떨어지게 만드는 중력?!
{gravity - 중력}

☐ greed

'<u>그리</u>스도'를 **read** 하지만 여전히 마음에 가득한 탐욕?!

{greed - 탐욕}

☐ gregarious

<u>그리</u>스의 <u>개</u>처럼 <u>어</u>린 **Ri**chard는 <u>어스</u>름한 저녁이면 특히 사교적인가?!

{greg**a**rious - (사람이) 사교적인}

☐ grisly

<u>그리</u>도 <u>즐</u>겁게 <u>리</u>무진이 사람들을 향하여 미친 듯이 돌진하는 것이 가지는 몇 가지 의미는 다음과 같다. 어쩐지 기분 나쁜, 소름 끼치는?!

{gr<u>i</u>sly - 소름 끼치는}

☐ grit

<u>그리</u>스에서 <u>트</u>림하면서 잔모래를 처먹는 자의 기개와 용기?!

{grit - 용기}

☐ groan

<u>Grown</u>-ups do nothing but groan?!

{groan - 신음하다}

☐ grovel

<u>그라</u>도 <u>블</u>라디미르 푸틴 앞에서는 전형적인 아베의 모습이 나타나는 것이 가지는 몇 가지 의미는 다음과 같다. 비굴한 태도를 취하다, 천박한 환락에 빠지다, 넙죽 엎드리다, 굽실거리다, 굴복하다, 기다?!

{gr<u>o</u>vel - 기다}

☐ gruesome

<u>그</u> <u>루</u>머로 **some**body가 자살하자 얼마 후에는 somebody와 관련된 자들이 의문의 죽음 혹은 자살을 당했다는 사실이 가지는 몇 가지 의미는 다음과

같다. 무시무시한, 소름 끼치는, 섬뜩한?!
{gruesome - 섬뜩한}

□ guilt

길에서 **트**림한 자가 느낀 죄책감?! {guilt - 죄책감}

□ gullet

걸리버(Gulliver)가 **t**ravel을 하다가 도착한 곳은 바로 거인의 식도?!
{gullet - 식도}

□ hackneyed

핵무기의 **need**에 대해 개나 소나 떠드는 것이 가지는 몇 가지 의미는 다음과
같다. 경험을 쌓은, 판에 박힌, 익숙해진, 진부한?!
{hackneyed - 진부한}

□ haggle

핵을 가진 나라와 가진 것으로 추정되는 나라가 흥정하는가?!
{haggle - 흥정하다}

□ halcyon

핼쑥한 **씨**암탉이 **언**젠가부터 보이지 않게 된 사실이 가지는 몇 가지 의미는
다음과 같다. 고요한, 행복한, 평온한, 평화로운?!
{halcyon - 평화로운}

□ halitosis

핼리(Halley)가 **토**했다고? **Sister**의 구취에?!

{halit**o**sis - 구취(口臭)}

□ **hallucination**

Her Lucifer's **nation** is full of hallucination?! {hallucin**a**tion - 환각}

□ **halt**

홀에서 **트**림하기 위해 정지하는가?!

{halt - 정지하다}

□ **hamper**

햅스터가 **per**son을 식료품·의복 따위를 담는 바구니로 방해하는가?!

{h**a**mper - 방해하다}

□ **hap**

햅쌀밥을 먹은 자의 운?!

{hap - 운(運)}

□ **haphazard**

햅쌀을 **해저**에서 **드**라마틱하게 발견한 것은 그야말로 우연?!

{haph**a**zard - 우연}

□ **harangue**

Her? **Rang**이 ring의 과거형이라는 단순한 사실을 설명하는 데 몇 시간씩이나 떠들던 그 여자! 그런 그녀가 가지는 몇 가지 의미는 다음과 같다. 열변을 토하다, 장광설을 늘어놓다, 열변, 장광설?!

{har**a**ngue - 장광설}

□ **harness**

Harp와 **니스**를 새로운 동력원으로 이용하는가?!

{h**a**rness - 이용하다}

□ **harrow**

써레질하고 약탈하고 정신적으로 괴롭히면서 백년**해로**?!

{h**a**rrow - 써레질하다}

□ **hassle**

했을 리가 없는 일을 했다고 우기는 자들에게 진실을 알게 하는 것은 귀찮은 문제?!

{h**a**ssle - 귀찮은 문제}

□ **haunt**

혼자서 **트**림하자마자 유령이 출몰하는가?!

{haunt - (유령이) 출몰하다}

□ **having said that**

해빙 **said that** peace is just around the corner. 물론 그렇긴 하지만?!

{having said that - 그렇긴 하지만}

□ **havoc**

해변에 **벅**적거리던 사람들을 모두 죽일 정도의 완전한 파괴?!

{h**a**voc - 완전한 파괴}

□ **hazard**

해저에서 **드**라마를 제작하는 데 따르는 위험 요소?!

{h**a**zard - 위험 요소}

□ **hearse**

Her? **스**스로 목숨을 끊고 이제는 저 영구차에?!

{hearse - 영구차}

□ hectic

핵과 **tic** 문제로 사람들은 폐결핵으로 얼굴에 홍조를 띤 것처럼 정신없이 바쁜가?!

{h**e**ctic - 정신없이 바쁜}

□ hedonist

희더니 스트레스로 인해 속이 까맣게 탄 쾌락주의자?!

{h**e**donist - 쾌락주의자}

□ hegemony

희극적인 **제**갈동지들을 **money**로 좌지우지하는 맘몬의 헤게모니?!

{heg**e**mony - 헤게모니}

□ heifer

어린 암소는 좀 **헤퍼**?!

{heifer - 어린 암소}

□ heir

Air처럼 가벼운 상속인?!

{heir - 상속인}

□ hemisphere

Hen과 **Miss Fear**의 결합이 가지는 몇 가지 의미는 다음과 같다. (사상·활동 따위의) 범위, 영역, (뇌의) 반구, (지구의) 반구?!

{h**e**misphere - (지구의) 반구}

□ hemorrhoids

해머로 잊으라면서 치료한 치질?!

{h**e**morrhoids - 치질}

□ henchman

Hen의 **치**질을 **먼**저 확인하고 연옹지치(吮癰舐痔)를 실천함으로써 부귀영화를 누린 심복?!

{henchman - 심복. 《연옹지치(吮癰舐痔)란 종기의 고름을 빨고, 치질 앓는 밑을 핥는다는 뜻으로, 남에게 지나치게 아첨함을 일컫는 말》}

□ herculean

Her? **큘**렉스모기에게 **리**무진에서 **언**제나 피를 빨리는 여자! 그녀의 피를 빠는 그 모기를 때려죽이기 위해서는 헤라클레스와 같은 초인적인 힘을 필요로 하는가?!

{Herculean - 초인적인 힘을 필요로 하는}

□ hercules

Her? **큘**렉스모기와 **리즈**(Leeds)에서 혈투를 벌이던 여자! 그녀가 모기에게 피를 빨리고 있을 때 나타나서 초인적인 힘으로 그 모기를 때려죽인 자는 바로 그리스 신화 최대의 영웅인 헤라클레스?!

{Hercules - 헤라클레스}

□ herd

Her **d**rama를 즐기는 군중과 짐승의 떼?!
{herd - (짐승의) 떼}

□ heredity

Her? **Re**d **du**sty **T**팬티만을 입는 것은 집안의 유전?!
{heredity - 유전}

□ heresy

Hen에게 **러**시아 **씨**암탉은 결코 같은 닭으로 인정할 수 없는 이단?!
{heresy - 이단}

□ heritage

Harry의 **T**팬티는 **지**나치게 에로틱한 상속 재산 혹은 유산?!

{h<u>e</u>ritage - (국가·사회의) 유산}

□ hermetic

Her? **매**독과 **tic**에 시달리는 여자! 그녀가 가지는 몇 가지 의미는 다음과 같다.
연금술의, 신비한, 심원한, 밀폐된, 밀봉된?!

{herm<u>e</u>tic - 밀봉된}

□ hermit

Her? **믿**음으로 사이비 목사 앞에서 팬티까지 벗었다가 세상의 조롱을 당하고
견디다 못해 이제는 그야말로 비자발적 은자?!

{h<u>e</u>rmit - (보통 종교적 이유에 의한) 은자}

□ hiccup

희극적으로 **cup**을 들자마자 비극적으로 시작된 딸꾹질?!

{h<u>i</u>ccup - 딸꾹질}

□ hideous

희극적인 **Di**ck이 **어스**름한 저녁마다 바바리 맨 행세를 하면서 어느 늙은
시인처럼 보잘것없는 penis를 드러내는 것이 가지는 몇 가지 의미는 다음과
같다. 무시무시한, 소름 끼치는, 섬뜩한, 끔찍한?!

{h<u>i</u>deous - 끔찍한}

□ hierarchy

<u>Hire</u> <u>Archi</u>medes to create a naked hierarchy?!

{h<u>i</u>erarchy - 위계(位階)}

□ hijack

하이에나가 **Jack**의 비행기를 납치하는가?!

{hijack - (비행기를) 납치하다}

□ **hilarious**

Hill에서 **Larry**는 **어스**름한 저녁이 되니 즐거운?!

{hil**a**rious - 즐거운}

□ **histrionic**

히스테리도 **tri**ck도 **아**니라는 **Nick**의 행동은 연극 같은가?!

{histri**o**nic - (행동이) 연극 같은}

□ **hodgepodge**

하지(夏至)에 **파지** 않고 동지(冬至)에 파는 것이 가지는 몇 가지 의미는 다음과 같다. 뒤죽박죽으로 만들다, 뒤죽박죽, 엉망진창, 뒤범벅?!

{h**o**dgepodge - 뒤범벅}

□ **holistic**

Holy stick belongs to somebody holistic?!

{hol**i**stic - 전체론적인}

□ **hollow**

할아버지의 **low income**이 가지는 몇 가지 의미는 다음과 같다. (사물의 안쪽에 난) 구멍, (특히 땅속으로) 움푹 꺼진 곳, (목소리 따위가) 힘없는, 공허한, (눈·볼 따위가) 움푹 꺼진, (속이) 빈?!

{h**o**llow - (속이) 빈}

□ **homage**

할이 지금까지도 적에 의해서 폭침되었다고 맹목적으로 믿는 것이 가지는 몇 가지 의미는 다음과 같다. 신하로서의 예, (봉건 시대의) 충성, 존경, 복종, 경의?!

{h**o**mage - 경의}

□ homeopathy

Home이 아줌마와 **퍼**덕거리는 **thi**ef를 치료하기 위해 사용한 동종 요법?!

{home**o**pathy - 동종 요법}

□ homily

하나님께서 **멀리** 떠난 죄인들을 위해 무료로 구원 열차를 운영하신다는 감동적인 설교?!

{h**o**mily - 설교}

□ homogeneous

호머(Homer)는 **genius**이지만 때로는 실수를 한다는 점에서 나무에서 떨어지는 원숭이와 동종의?!

{homog**e**neous - 동종의}

□ hone

혼을 담아서 숫돌에 갈면서 기술을 연마하는가?!

{hone - (특히 기술을) 연마하다}

□ horny

혼이 비정상인 자는 성적으로 흥분한 것인가?!

{h**o**rny - (성적으로) 흥분한}

□ horology

호랄까, **lover**의 **지**랄이랄까 뭔가 째깍거리는 시계학?!

{hor**o**logy - 시계학}

□ horoscope

Horror의 **scope**에 대해 알려주는 별점?!

{h**o**roscope - 별점}

□ horrendous

홀엔 **dus**t가 가득하니 이 얼마나 끔찍한가?!

{horrendous - 끔찍한}

□ hostage

Hot stick으로 **G**를 잡은 인질?!

{hostage - 인질}

□ hostile

하인이 **스**님에게 **틀**니로 딱딱거리는 상황이 가지는 몇 가지 의미는 다음과 같다. 적개심에 불타는, 적대적인?!

{hostile - 적대적인}

□ hover

허공에서 **버**러지가 lover를 기다리는 것이 가지는 몇 가지 의미는 다음과 같다. (곤충·새·헬리콥터 따위가) 하늘에 멈춰 떠 있다, 서성거리다, 망설이다, (공중에) 맴돌다?!

{hover - (공중에) 맴돌다}

□ huge

휴게소에서 **G**가 훔친 돈의 액수는 천문학적으로 막대한가?!

{huge - 막대한}

□ humongous

휴게소에서 **멍**멍이가 **거스**름돈을 삼켰는데 그 액수가 가지는 몇 가지 의미는 다음과 같다. 터무니없이 큰, 굉장한, 거대한?!

{humongous - 거대한}

□ hymn

힘을 주는 찬송가?!

{hymn - 찬송가}

□ hyperbola

하이틴과 **per**son이 **벌**거벗고 **lo**vemaking을 즐기는 에로틱한 평면 위의 두 꼭짓점에서의 거리의 차가 일정한 점의 궤적으로 나타나는 곡선은 쌍곡선?!
{hyp**e**rbola - 쌍곡선}

□ hyperbole

하이틴과 **per**son이 **벌리**면 돈은 알아서 벌린다는 것은 그야말로 돈에 미쳐서 발정 난 늙은 돼지들의 과장법?!
{hyp**e**rbole - 과장법}

□ hypnotize

Hip을 **너**저분한 **ties**로 묶은 다음 최면을 거는가?!
{h**y**pnotize - 최면을 걸다}

□ hypocrisy

희극적이고 **파**렴치한 **cru**sh로 **씨**암탉과 함께 도둑질하다가 들키자 자한(自汗)으로 당황하면서도 이것이야말로 바른 밀애(密愛)라고 개소리하는 도둑들의 위선?!
{hyp**o**crisy - 위선}

□ hypocrite

희극적으로 **퍼**덕거리면서 **크리**스마스에 **트**림하는 자는 위선자?!
{h**y**pocrite - 위선자}

□ hypotenuse

하이에나가 **파**충류에게 **터**졌다고 **뉴스**에 나와서 말한 직각 삼각형의 빗변?!
{hyp**o**tenuse - (직각 삼각형의) 빗변}

☐ hypothesis

High **po**sture(고자세)로 **Thu**rsday마다 **sis**ter가 지랄하지만 Big Brother 앞에서는 저자세로 날마다 알아서 긴다는 가설?!
{hyp**o**thesis - 가설}

☐ hysteresis

히스테리와 **털이** **sis**ter와 결합할 때 발생하는 자기·전기·탄성 등의 이력(履歷) 현상?!
{hyster**e**sis - (자기·전기·탄성 등의) 이력(履歷) 현상}

☐ iatrogenic

아이가 **애**지중지하는 **트로**피를 **Je**nny와 **Nick**에게 주자 생긴 병은 의사에게 원인이 있는가?!
{iatrog**e**nic - 의사에게 원인이 있는}

☐ iconoclast

아이는 **car**에서도 **너**저분한 **class**에서도 **트**림하는 그야말로 구역질 나는 우상 파괴자?!
{ic**o**noclast - 우상 파괴자}

☐ ICU

I **see** **you** in the ICU?!
{ICU(intensive care unit) - 집중 치료실}

☐ identify

아이가 **덴** **터**미널의 **fi**re가 가지는 몇 가지 의미는 다음과 같다. (신원 등을)

확인하다, 동일시하다?!

{id**e**ntify - 동일시하다}

□ **ideology**

ID와 **알러지**로 이루어진 이데올로기?!

{ide**o**logy - 이데올로기}

□ **idiosyncrasy**

이렇게 **Di**ck을 **어**루만지며 **sing**하다가 **cru**sh하는 **씨**암탉이 가지는 몇 가지 의미는 다음과 같다. (어느 개인의) 특이성, 특이한 성격?!

{idios**y**ncrasy - 특이한 성격}

□ **idol**

아이들을 꿈꾸게 하는 우상?!

{**i**dol - 우상}

□ **idolatry**

아이가 **달러**로 **추리** 소설을 구매하는 것은 우상 숭배?!

{id**o**latry - 우상 숭배}

□ **idyll**

아이들이 평화롭게 사는 곳이 가지는 몇 가지 의미는 다음과 같다. 목가적인 곳, 전원 풍경, 전원 문학, 전원곡, 전원시?!

{**i**dyll - 전원시}

□ **ignite**

이색적인 **그**는 **나이트**클럽에 불을 붙이는가?!

{ig**n**ite - 불을 붙이다}

□ ignoble

이것들은 **그**리스도처럼 **noble**하지 않다는 것이 가지는 몇 가지 의미는 다음과 같다. 저열한, 야비한, (태생·신분이) 비천한, 비열한?!

{ign**o**ble - 비열한}

□ ignore

이렇게 **그**들은 **노어**(露語)를 무시하는가?!

{ign**o**re - 무시하다}

□ illegitimate

일리노이에서 **Jill**에게 **러**시아를 **믿**으라고 강요하는 것은 불법적인가?!

{ille**gi**timate - 불법적인}

□ illicit

일리노이에서 **씻**지 않는 것은 불법?!

{ill**i**cit - 불법의}

□ illiterate

'**1리터**'를 **Ri**chard가 **트**집을 부리면서 '일터'라고 읽는 것이 가지는 몇 가지 의미는 다음과 같다. (특정 분야에 대해) 잘 모르는, 무식한, 문맹의, 문맹?!

{ill**i**terate - 문맹}

□ illusion

일본이 **lo**ser처럼 **전**쟁을 영원히 포기한다고 믿는 것은 순진한 환상?!

{ill**u**sion - 환상}

□ imbibe

임의로 **Bib**le을 해석하는 것이 가지는 몇 가지 의미는 다음과 같다. (습기·수분·사상·정보 등을) 흡수하다, (술 따위를) 마시다?!

{imb**i**be - (술 따위를) 마시다}

□ immense

<u>이</u> **men**의 <u>스</u>스럼없음이 가지는 몇 가지 의미는 다음과 같다. 엄청난, 막대한, 거대한?!

{imm**e**nse - 거대한}

□ immigrate

<u>이미</u> **great** person은 영주할 목적으로 다른 나라에서 이주해 오는가?!

{**i**mmigrate - (영주할 목적으로 다른 나라에서) 이주해 오다}

□ imminent

<u>이미</u> **넌** **트**림을 한 것과 마찬가지일 정도로 너의 트림은 임박한 것인가?!

{**i**mminent - 임박한}

□ immortal

<u>이모</u>는 **틀**림없이 죽겠지만 그녀의 영혼은 죽지 않는가?!

{imm**o**rtal - 죽지 않는}

□ immortality

<u>이</u> **모텔**에서 **lover**들이 **T**-shirt는 물론이고 옷이란 옷은 다 벗고 사랑을 나눔으로써 이제는 하나가 된 두 영혼의 불멸?!

{immort**a**lity - 불멸}

□ impasse

<u>임</u>시로 **패스**할 공간이 없는 상황이 가지는 몇 가지 의미는 다음과 같다. 난국, 곤경, 막다른 골목, 교착 상태?!

{**i**mpasse - 교착 상태}

□ impeccable

<u>임</u>의로 **pet**에게 **컵을** 던지는 자가 가지는 몇 가지 의미는 다음과 같다. 죄를 범하지 않는, 흠잡을 데 없는, 나무랄 데 없는?!

{imp**e**ccable - 나무랄 데 없는}

☐ impetuous

<u>임</u>의로 <u>페</u>트병을 **chew**하는 <u>어</u>느 스님이 가지는 몇 가지 의미는 다음과 같다. (바람·속도 따위가) 격렬한, 맹렬한, 성급한, 충동적인?!

{imp**e**tuous - 충동적인}

☐ impetus

<u>임</u>의로 <u>퍼</u>마시면서 <u>터</u>프하게 <u>스</u>님이 목탁을 치는 것이 가지는 몇 가지 의미는 다음과 같다. (움직이고 있는 물체의) 힘, 추진력, 운동량, (정신적인) 기동력, 자극?!

{**i**mpetus - 자극}

☐ implication

<u>Im</u>portant <u>pl</u>an이나 <u>리</u>비도를 **K**가 **shun**하는 것이 가지는 몇 가지 의미는 다음과 같다. (범죄에의) 연루, 함축, 암시, (행동·결정이 초래할 수 있는) 영향?!

{implic**a**tion - (행동·결정이 초래할 수 있는) 영향}

☐ impotence

<u>임</u>기응변으로 <u>퍼</u>즐을 <u>턴</u> 스님이 가지는 몇 가지 의미는 다음과 같다. 무기력, 음위(陰痿), (남성의) 성교 불능, 발기 부전?!

{**i**mpotence - 발기 부전}

☐ impoverish

<u>임</u>의적인 <u>파벌이</u> <u>쉬</u>지 않고 다투는 것은 모두를 가난하게 하는가?!

{imp**o**verish - 가난하게 하다}

☐ impregnation

<u>임</u>정(臨政)의 <u>pre</u>sident가 <u>그</u> **nation**에서 쓰레기 언론의 상습적인 공격을 받는 것이 가지는 몇 가지 의미는 다음과 같다. 주입, 고취, 충만, 포화, 수태, 수정?!

{impregnation - 수정(受精)}

□ impresario

임기응변으로 **프러**시아에서 **싸리**비로 **오**늘까지 청소를 하다가 대박이 난 흥행사?!

{impresario - 흥행사}

□ impulse

임의로 **펄**떡거리는 **스**님이 갑자기 목탁을 치는 것이 가지는 몇 가지 의미는 다음과 같다. 자극, 충격, 충동?!

{impulse - 충동}

□ impunity

임의로 **퓨**마가 **너**저분한 **T**팬티를 벗겨도 처벌을 받지 않음?!

{impunity - 처벌을 받지 않음}

□ in the ketchup

인간적으로 **더**러운 **cat**이 **첩**을 데리고 사는 것이 가지는 몇 가지 의미는 다음과 같다. 적자인, 적자로, 적자 운영하는?!

{in the ketchup - 적자 운영하는}

□ inadvertent

인어의 **드**라마틱한 **버튼**을 **트**레이너가 푼 것은 아무래도 고의가 아닌가?!

{inadvertent - 고의가 아닌}

□ inappropriate

인어가 **pro**처럼 **pri**soner와 **잇**따라 사랑을 나누는 것은 부적절한가?!

{inappropriate - 부적절한}

□ incantation

인어가 **캔**과 **테이블**을 **shun**하는 것이 가지는 몇 가지 의미는 다음과 같다.
마법, 주문?!

{incant**a**tion - (마술을 걸기 위한) 주문}

□ incarnation

인자(人子)와 **카네이션**의 결합이 가지는 몇 가지 의미는 다음과 같다. 성육신,
구체화, 화신?!

{incarn**a**tion - 화신(化身)}

□ incest

인간이 **sex**와 **스트**립쇼에 미쳐서 결국은 근친상간?!

{**i**ncest - 근친상간}

□ incineration

인분(人糞)적인 **sinner**들이 **ray**를 **shun**하지 못하고 죽을 경우 남은 자들이
해야 할 일은 다음과 같다. 화장(火葬), 소각?!

{inciner**a**tion - 소각}

□ incisor

Inside에 **저**렇게 큰 앞니?!

{inc**i**sor - 앞니}

□ inclination

인어의 **클리**토리스를 **nation**이 발견한 사실이 가지는 몇 가지 의미는 다음과
같다. 고개를 숙임, 좋아함, 경사도, 체질, 의향, 성향, 경향?!

{inclin**a**tion - 경향}

□ incubus

인큐베이터에 **버스**를 타고 들이닥친 기사의 목마름이 가지는 몇 가지 의미는

다음과 같다. 마음의 부담, 걱정거리, 악몽, (잠자는 여자를 덮친다고 여겨지던 남자 모습의) 몽마(夢魔)?!

{incubus - (잠자는 여자를 덮친다고 여겨지던 남자 모습의) 몽마(夢魔)}

□ inculcate

인분이란 **컬**링에서 **Kate**가 피하지 않으면 안 되는 더러운 똥임을 반복하여 가르치는가?!

{inculcate - (사상·지식 따위를) 반복하여 가르치다}

□ inculcation

인분이란 **컬**링에서 **K**가 **shun**하지 않으면 안 되는 더러운 똥임을 반복하여 가르침?!

{inculcation - 반복하여 가르침}

□ incumbent

Income으로 **번트**(bunt)를 대는 자가 가지는 몇 가지 의미는 다음과 같다. 의지하는, 의무적으로 해야 하는, (암석 따위가) 쑥 내밀고 있는, 현직에 있는 자?!

{incumbent - 현직에 있는 자}

□ incur

인어가 **cur**ry 안으로 달려 들어가는 것이 가지는 몇 가지 의미는 다음과 같다. (좋지 않은 일에) 빠지다, (손해를) 입다, (빚을) 지다, (비용을) 발생시키다, (분노·비난·위험을) 초래하다?!

{incur - (분노·비난·위험을) 초래하다}

□ indefatigable

인디언은 **페리**에서 **겁을** 상실하자 지칠 줄 모르는가?!

{indefatigable - 지칠 줄 모르는}

□ indict

인간이 **die**하도록 **트**집쟁이들이 기소하는가?!

{indict - 기소하다}

□ indifferent

인디언은 **프런트**에 가서 숙박료를 계산하는 데에 무관심한가?!

{indifferent - 무관심한}

□ indigenous

인디언이 **저**렇게 **너스**레를 떠는 것은 타고난 것인가?!

{indigenous - 타고난}

□ indignation

인디언들이 **그**들의 **nation**을 침략한 자들에 대해 느낀 분개?!

{indignation - 분개}

□ indite

인간이 **die**하면서 **트**집쟁이들에게 이제 그만하라고 편지를 쓰는가?!

{indite - (편지나 시를) 쓰다}

□ individual

인디언적인 **비주얼**을 가진 개인?!

{individual - 개인}

□ indolent

인도에서 **멀**렁거리고 **런**던에서 **트**림하는 것이 가지는 몇 가지 의미는 다음과 같다. (종양·궤양이) 무통성의, 게으른, 나태한?!

{indolent - 나태한}

□ inert

인어가 **t**ravel을 그다지 즐기지 않는 것이 가지는 몇 가지 의미는 다음과 같다. 자력으로는 움직이지 못하는, 활동력이 없는, 생기가 없는, 비활성의, 둔한, (육체적·정신적으로) 활발하지 못한?!

{in**er**t - (육체적·정신적으로) 활발하지 못한}

□ inertia

인어가 **샤**워를 할 때 왕자가 "이제 그만."이라고 하지 않는 이상 계속하는 것이 가지는 몇 가지 의미는 다음과 같다. 활발하지 못함, 무력, 타성, 관성?!

{in**er**tia - 관성}

□ infallible

"**인**간은 **팰**수록 l**o**v**e**ly하다고 말하는 내 애인은 s**a**dist(가학성 변태 성욕자)다."라고 말하면서 계속 맞고 있는 mas**o**chist(피학성 변태 성욕자)는 절대 틀리지 않는가?!

{inf**a**llible - 절대 틀리지 않는}

□ infatuate

인어는 f**a**shion으로 **추**녀조차 **e**ight 등신으로 만들어서 왕자를 호리고 얼빠지게 만드는가?!

{inf**a**tuate - 얼빠지게 만들다}

□ infer

인분을 **f**urniture나 벽에 칠하면서 즐거워하는 노인이 가지는 몇 가지 의미는 다음과 같다. 추측하다, 의미하다, 암시하다, 추론하다?!

{inf**er** - 추론하다}

□ inferior

인분이 **P**hilip의 **rear**(뒤)에 묻었다는 사실이 가지는 몇 가지 의미는 다음과 같다. 하급자, 못난 사람, 질이 떨어지는, 열등한?!

{inf**e**rior - 열등한}

□ **inferno**

인어가 **fur**niture에서 **노**팬티 차림으로 왕자와 즐긴 사랑의 불장난으로 인해 발생한 큰불이 가지는 몇 가지 의미는 다음과 같다. (대화재 따위로 인한) 지옥 같은 장소, 지옥?!

{inf**e**rno - 지옥}

□ **infinite**

인간들의 **funny** **트**집은 무한한가?!

{**i**nfinite - 무한한}

□ **infringe**

인어는 **prin**ce에게 **지**느러미로 꼬리치면서 법규를 위반하고 법적 권리를 침해하는가?!

{infr**i**nge - (법적 권리를) 침해하다}

□ **ingenious**

인간적인 **genius**는 독창적인가?!

{ing**e**nious - 독창적인}

□ **ingenuity**

인분(人糞)적인 **저**질 **news**로 **어**떻게든 **티** 안 나게 국민을 속이고 이간질하고자 애쓰는 쓰레기 기자들에게 특히 필요한 것은 배설의 독창성?!

{ingen**u**ity - 독창성}

□ **ingenuous**

인어는 **January**의 **어스**름한 저녁 바다에 몸을 던질 만큼 순진한가?!

{ing**e**nuous - 순진한}

□ ingrate

인자(人子)의 **great** love를 돈과 바꾼 애가 가지는 몇 가지 의미는 다음과 같다.
배은망덕한, 은혜를 모르는, 배은망덕한 자, 은혜를 모르는 자?!

{ingrate - 은혜를 모르는 자}

□ ingratiate

인어는 **Grey**와 **쉬**면서 **eight** times에 걸쳐 마음에 들도록 하면서 환심을
사는가?!

{ingratiate - 환심을 사다}

□ ingratitude

인간이 **그래**? **Ru**ssian **Tu**esday의 **드**라큘라처럼 피만 빨아먹다가 결국은
배은망덕?!

{ingratitude - 배은망덕}

□ inhabit

인디언들은 **habit**처럼 아메리카에 거주하는가?!

{inhabit - 거주하다}

□ inhibit

인자(人子)의 **희**망의 **빛**은 자살 충동을 억제하는가?!

{inhibit - 억제하다}

□ initiative

인이 **셔**츠를 **팁**으로 벗어주고 시원한 평화를 얻는 것이 가지는 몇 가지 의미는
다음과 같다. (특정한 문제의 해결이나 목적 달성을 위한 새로운) 계획, 발의, 솔선,
진취성, 자주성, 주도권?!

{initiative - 주도권}

□ inkling

잉어가 **클**수록 **링**컨이 싫어한다는 것은 그가 사실 멸치를 더 좋아한다는
암시임을 어렴풋이 눈치챔?!
{inkling - 어렴풋이 눈치챔}

□ inn

인간에게 이 세상은 잠시 머물다 가는 여관?!
{inn - 여관}

□ innocent

인어가 **쏜** **트**라이앵글이 가지는 몇 가지 의미는 다음과 같다. 순결한, 결백한,
무죄의, 무고한, 악의 없는, 천진난만한?!
{innocent - 천진난만한}

□ innocuous

E나 **Q**가 **어스**름한 저녁에 나타나는 것이 가지는 몇 가지 의미는 다음과 같다.
무해한, 재미없는, (뱀이) 독이 없는, 악의 없는?!
{innocuous - 악의 없는}

□ innovate

인어를 **bait**로 사용함으로써 안데르센은 동화의 세계를 혁신하는가?!
{innovate - 혁신하다}

□ innuendo

의자들의 **뉴**스는 **N도** G도 아닌 그야말로 악의적인 가짜 뉴스에 불과하다는
빈정거림?!
{innuendo - 빈정거림}

□ insanity

인어의 **sexy**하고도 **너**저분한 **T**팬티가 가지는 몇 가지 의미는 다음과 같다.

광기, 정신병, 정신 이상?!

{insanity - 정신 이상}

□ insemination

인간들이 **sex**에 **미**친 **nation**에서 흔히 하는 일은 다음과 같다. 씨 뿌림, 정액 주입?!

{insemin**a**tion - 정액 주입}

□ insidious

인간이 **CD**를 **어스**름한 저녁에 듣는다면 교활하고 음험한가?!

{ins**i**dious - 음험한}

□ insinuate

인간들이 **씨**암탉에게 **news**에서 **eight** 백열등을 넌지시 비추면서 교묘히 환심을 사고 치킨 숭배 사상을 교묘히 주입시키면서 당년(當年)은 병신년이라고 넌지시 말하는가?!

{ins**i**nuate - 넌지시 말하다}

□ insipid

인간에게 **씹히**는 **드**라큘라가 가지는 몇 가지 의미는 다음과 같다. 싱거운, 맛없는, 지루한, 활기 없는, 재미없는?!

{ins**i**pid - 재미없는}

□ insolent

인간이 **썰**렁한 **런**던에서 **트**림하면 무례한가?!

{**i**nsolent - 무례한}

□ instantiate

인분의 **stench**(악취)로 **eight** people이 질식해서 죽은 구체적인 예를 들어 똥이란 이처럼 더럽게 위험한 물질이라면서 개똥철학자는 자신의 구린 학설을 설명하는가?!

{instantiate - (구체적인 예를 들어 학설·주장 등을) 설명하다}

□ intact

인어가 **택**시로 **t**ravel을 했지만, 다행히 아무도 손대지 않은?!

{intact - 손대지 않은}

□ integrity

인어가 **태**연히 **그러**한 **T**팬티를 입는 것이 가지는 몇 가지 의미는 다음과 같다. 고결, 완전, 온전함 그리고 진실성?!

{integrity - 진실성}

□ interrogate

인분(人糞)으로 **테러**한 **게이**에게 **트**림까지 한 이유가 도대체 무엇인지 심문하는가?!

{interrogate - 심문하다}

□ interrogation

인분(人糞)으로 **테러**한 **게이**를 **shun**하고 싶어도 어쩔 수 없이 실시한 심문?!

{interrogation - 심문}

□ intestine

인분과 **test**와 **인**분으로 구성된 장(腸)?!

{intestine - 장(腸)}

□ intimation

Interns **may shun** residents. 이것은 하얀 그 탑에서 했던 숨바꼭질에 대한 암시?!

{intimation - 암시}

□ intimidate

<u>인</u>어는 **Tim**이 **date**를 하도록 협박하는가?!

{int**i**midate - 협박하다}

□ intransigence

<u>인</u>간들의 **추**악함에 **ran**dom하게 **써**레몽둥이로 **전**멸시킨 **스**승이 가지는 몇 가지 의미는 다음과 같다. 타협하지 않음, (정치상의) 비타협적 태도?!

{int**ra**nsigence - (정치상의) 비타협적 태도}

□ intrepid

<u>인</u>간들이 **추**악한 **rapid**(고속 수송 열차)를 타고 욕망의 낭떠러지를 향해 질주하는 것이 가지는 몇 가지 의미는 다음과 같다. 대담한, 용감무쌍한, 두려움을 모르는?!

{intr**e**pid - 두려움을 모르는}

□ intricate

<u>인</u>간이 **tru**ck에서 **키**득거리면서 **트**림하는 것은 얼마나 복잡한가?!

{**i**ntricate - 복잡한}

□ intrigue

<u>인</u>어가 **tree**에서 <u>그</u>렇게 섹시하게 음모를 꾸미는 것은 호기심을 자극하는가?!

{intr**i**gue - 호기심을 자극하다}

□ introvert

<u>인</u>어는 **tru**ck에서 **버**러지의 **트**림에 구역질이 나지만 아무 말도 하지 않는 내성적인 사람?!

{**i**ntrovert - 내성적인 사람}

□ intuition

<u>인</u>간들이 **Tuesday**를 <u>이</u>렇게 **shun**하는 이유가 가지는 몇 가지 의미는 다음과 같다. 직감, 직관?!

{intuition - 직관}

□ inundate

이 nun이 **date**에서 Father에게 베푼 친절이 가지는 몇 가지 의미는 다음과 같다. 쇄도하다, 감당 못 할 정도로 주다, 물에 잠기게 하다?!

{**i**nundate - 물에 잠기게 하다}

□ invalid

인어가 **valley**에서 **드**라큘라에게 피를 빨렸다고 주장하는 것이 가지는 몇 가지 의미는 다음과 같다. 근거 없는, 쓸모없는, 무가치한, (법적으로) 무효의?!

{inv**a**lid - (법적으로) 무효의}

□ invalid

인어가 **별리**더라도 **드**라큘라가 아무 반응이 없다면 이것이 가지는 몇 가지 의미는 다음과 같다. 병약자, (특히 병·노령 등에 의한) 지체 부자유자, 병약하게 하다, 병약자로 취급하다, 병약자로서 송환하다, 환자용의, 허약한, 병약한?!

{**i**nvalid - 병약한}

□ invalidate

인어와 **valley**에서 **date**를 한 것은 왕자가 아니라 드라큘라라는 것이 가지는 몇 가지 의미는 다음과 같다. (생각·주장 등이) 틀렸음을 입증하다, (서류·계약·선거 등을) 무효화하다?!

{inv**a**lidate - (서류·계약·선거 등을) 무효화하다}

□ invective

인분(人糞)을 **백**인에게 **팁으**로 주자 의외의 팁에 흥분한 그가 "Fuck you!"라고 소리친 것이 가지는 몇 가지 의미는 다음과 같다. 악담, 독설, 욕설?!

{inv**e**ctive - 욕설}

□ inventory

인분과 **번**데기와 **토**마토가 **리**어카에서 뒤범벅이 된 사건이 가지는 몇 가지 의미는 다음과 같다. 특정 건물 내의 물품 목록, 재고품 목록?!

{**in**ventory - 재고품 목록}

□ invert

인자(人子)는 **버**러지들의 **트**집에도 불구하고 법(法) 버러지들로 가득한 위와 정의로운 세상을 바라는 사람들로 가득한 아래를 기적적으로 뒤집는가?!

{**inv**e**rt** - (위아래를) 뒤집다}

□ invidious

인어가 **비디**오를 **어스**름한 저녁에 왕자와 함께 찍다가 그의 사랑을 받게 된 것이 가지는 몇 가지 의미는 다음과 같다. 비위에 거슬리는, (지위·명예 따위가) 시샘을 살만한, 불공평한?!

{**invi**dious - 불공평한}

□ involve

인어를 **밟**으면 공주에게 보복을 당할 위험을 수반하는가?!

{**inv**o**lve** - 수반하다}

□ irascible

이 **ra**bbit과 **su**bway에서 **블**루스를 추자마자 앨리스가 흥분하는 것이 가지는 몇 가지 의미는 다음과 같다. 성마른, 성미가 급한, 화를 잘 내는?!

{**ira**scible - 화를 잘 내는}

□ ire

아이어머니의 분노?!

{**i**re - 분노}

□ irrelevant

이 랠리(rally)와 **lover**의 **번트**는 무관한가?!

{irrelevant - 무관한}

□ irresistible

이리처럼 **지**저분한 **스**님이 **터**프하게 **블**루스를 추자고 비구니에게 손을 내미는 것이 가지는 몇 가지 의미는 다음과 같다. (너무 매력적이어서) 거부할 수가 없는, 너무나 유혹적인, 억누를 수 없는, 저항할 수 없는?!

{irresistible - 지힝할 수 없는}

□ irreversible

이 **river**들을 **써**먹은 **bl**ue mouse의 사기로 인해 죽은 네 강의! 변화는 과연 불가역적?!

{irreversible - 불가역적}

□ irrevocable

이 **re**staurant에서 **버**린 **컵을** 청소차가 와서 수거하기로 한 결정은 취소할 수 없는가?!

{irrevocable - 취소할 수 없는}

□ irrigate

이리는 **gate**에서 여우와 관개하는가?!

{irrigate - 관개하다}

□ isolate

아이를 **썰**렁한 **late** night에 고립시키는가?!

{isolate - 고립시키다}

□ isosceles triangle

아이들과 **싸**움닭이 **썰**렁한 **리즈**(Leeds)에서 **triangle**을 경쟁적으로 치다가 결국 닭이 패배하게 된 것을 목격한 이등변 삼각형?!

{is**o**sceles tri**a**ngle - 이등변 삼각형}

□ isotope

아이가 **써**걱거리면서 **톱**으로 벤 동위 원소?!

{**i**sotope - 동위 원소}

□ israeli

Is **Rail** **Lee** an Israeli?!

{Isr**a**eli - (현대의) 이스라엘 사람}

□ israelite

Is **real** **Light** with the Israelite?!

{**I**sraelite - (성서에 묘사된) 이스라엘 사람}

□ itinerary

아이티(Haïti)의 **너**저분한 **ra**bbit이 **리**어카에서 작성한 여행 일정표?!

{it**i**nerary - 여행 일정표}

□ jaywalk

Jay는 **walk**하다가 무단 횡단하는가?!

{j**a**ywalk - 무단 횡단하다}

□ jeer

지어낸 이야기로 죄 없는 사람을 죽이고 조롱하는가?!

{j**ee**r - 조롱하다}

□ jejunum

지주(地主)에게 넘어간 공장?!
{jejunum - 공장(空腸)}

□ jeopardize

Jenny personally dies, which will jeopardize?!
{jeopardize - 위태롭게 하다}

□ jeopardy

Jenny란 person이 Dick을 흥분시킨 결과가 가지는 몇 가지 의미는 다음과
같다. 형사 피고인이 재판에서 유죄판결이 될 위험한 상태, 그래서 위험?!
{jeopardy - 위험}

□ jeremiad

제갈동지들이 run하다가 마이너스를 얻으니 하나같이 우는소리?!
{jeremiad - 우는소리}

□ jesuit

제주에 있다가 〈Mission: Impossible〉을 찍기 위해 할리우드로 떠난
예수회 수사?!
{Jesuit - 예수회 수사}

□ jew

주 예수 그리스도는 지구라는 동물원에 갇힌 노예들을 위해 자신을 희생한
유대인?!
{Jew - 유대인}

□ jittery

지나치게 털이 빠지는 고양이가 가지는 몇 가지 의미는 다음과 같다. 초조해하는,
신경질적인, 신경과민의?!

{jittery - 신경과민의}

□ jobbery

Jobs의 **벌이**가 좋다는 것이 가지는 몇 가지 의미는 다음과 같다. 독직, 부정 축재, (공직을 이용한) 부정 이득?!

{jobbery - (공직을 이용한) 부정 이득}

□ jocose

조폭처럼 **코**치가 **스**스럼없는 폭력과 성폭력으로 어린 선수들의 삶을 상습적으로 망가뜨려 놓고 "최고의 오르가슴을 선물하고 싶어서 그랬다."라는 개소리를 하는 것이 가지는 몇 가지 의미는 다음과 같다. 익살맞은, 유머러스한, (사람됨이) 우스꽝스러운?!

{jocose - (사람됨이) 우스꽝스러운}

□ jovial

조 비열한 **얼**간이들은 죄 없는 사람을 죽여 놓고 얼마나 쾌활한가?!

{jovial - 쾌활한}

□ jubilee

주야로 **벌리**다가 때가 되면 그만 벌려도 된다는 것이 가지는 몇 가지 의미는 다음과 같다. 축제, 환희, 희년(禧年), 성년(聖年), 안식의 해, 대사(大赦)의 해, 50년제(祭)?!

{jubilee - 50년제(祭)}

□ judaism

주의 **day**를 **잊음**으로써 주를 알아보지 못하고 오히려 죽인 유대교?!

{Judaism - 유대교}

□ judge

저 G새끼들은 꼴에 스스로를 솔로몬과 같은 재판관이라고 판단하는가?!

{judge - 판단하다}

□ judiciary

Judy만 **쉬**쉬거리는 **애리**조나의 사법부?!
{judiciary - 사법부}

□ juggernaut

저 거지의 **노트**북은 시대의 흐름을 바꿀 정도로 대규모의 파괴력을 가진 것?!
{juggernaut - 대규모의 파괴력을 가진 것}

□ jurassic

줄에 sick 하게 매달린 쥐라기?!
{Jurassic - 쥐라기}

□ jurisdiction

주리는 **S**mith를 **Dick**은 **shun**하지 말고 먹을 것을 주라고 명령한 사법권?!
{jurisdiction - 사법권}

□ jury

주야로 **어리**석은 판결을 내리는 판사와는 질적으로 다른 배심원단?!
{jury - 배심원단}

□ jut

젖이 너무 커서 돌출하는가?!
{jut - 돌출하다}

□ juvenile

주를 **버**리고 **나일**강에 뛰어든 비행 소년의?!
{juvenile - 소년의}

☐ ken

Kentucky Funny Chicken의 이해와 지식의 범위?!

{ken - 지식의 범위}

☐ kidney

Kid니까 건강한 신장?!

{kidney - 신장}

☐ knack

요령만 익히면 더 맛있는 스**낵**?!

{knack - (경험으로 익힌) 요령}

☐ knell

낼모레면 누군가가 이 세상을 떠난다는 사실이 가지는 몇 가지 의미는 다음과 같다. 조종을 울리다, (흉한 일을) 알리다, 불길하게 들리다, (조종이) 울리다, 불길한 징조, 종소리, (죽음·실패를 알리는) 소리, 흉조, 조종(弔鐘)?!

{knell - 조종(弔鐘)}

☐ knowledge

지식이 있어야 이름을 **날리지**?!

{knowledge - 지식}

☐ knowledgeable

날리고 **접을** 수 있다면 종이비행기에 대해 아는 것이 많은가?!

{knowledgeable - 아는 것이 많은}

□ kosher

코리아의 **셔**벗은 유대교 율법에 맞는 음식으로서 정결한가?!

{kosher - (유대교 율법에 맞는 것으로) 정결한}

□ laborious

Lovemaking을 **보리**라면서 **어스**름한 저녁부터 다음날 새벽까지 모텔과 호텔을 돌아다니며 몰래카메라를 설치하는 한심한 변태의 일은 그야말로 많은 시간과 노력을 요해서 힘든?!

{laborious - (많은 시간과 노력을 요해서) 힘든}

□ labyrinth

Lamp를 **버린 th**reesome이 뒹구는 곳은 사랑의 미로?!

{labyrinth - 미로}

□ lachrymose

Last **Chri**stmas에 **모스**크(mosque)에서 총기를 난사해서 무고한 사람들을 죽인 쓰레기의 개소리가 가지는 몇 가지 의미는 다음과 같다. 애절한, 눈물이 많은, 걸핏하면 우는, 눈물을 자아내는?!

{lachrymose - 눈물을 자아내는}

□ laconic

"**Lo**vemaking은 **ca**r에서!"**Nick**의 말은 이처럼 간결한가?!

{laconic - 간결한}

□ lacuna

Lovemaking에서 **큐**피드가 **나**체의 연인에게서 발견한 것이 가지는 몇 가지 의미는 다음과 같다. 움푹 팬 곳, 작은 구멍, 소와(小窩), 공백, 결함, (글·생각·이론 따위의) 빈틈?!

{lacuna - (글·생각·이론 따위의) 빈틈}

☐ ladle

레이디가 **들**로 산으로 싸돌아다니는데 머리에는 꽃과 바꾼 애물단지 국자?!

{ladle - 국자}

☐ lambaste

Lamb와 **ba**by들이 **st**reet에 나타난 거짓의 아비 사탄을 향해 "물러가라!"라고 소리치는 것이 가지는 몇 가지 의미는 다음과 같다. 후려치다, 몹시 꾸짖다, (공개적으로) 맹비난하다?!

{lambaste - (공개적으로) 맹비난하다}

☐ lament

Lover는 **맨**날 **트**림하면서 더럽게 한탄하는가?!

{lament - 한탄하다}

☐ lamentation

Larry가 **Mon**day마다 **테이**블을 **shun**하면서 하는 신세 한탄?!

{lamentation - 한탄}

☐ lampoon

램프를 **푼**수처럼 낮에 들고 다니면서 인간을 찾는 철학자가 가지는 몇 가지 의미는 다음과 같다. 풍자시, 비아냥거리는 글귀, (시·글로) 비아냥거리다, 풍자하다?!

{lampoon - 풍자하다}

☐ larceny

Large **sun**이 burning 하다가 당년(當年)을 맞아 꺼지게 만든 것은 우주

정거장 미르(МИР)에서 저지른 절도죄?!

{la̲rceny - 절도죄}

□ largesse

라̲스베이거스의 제̲비가 스̲님에게 시주한 박씨와 흥부에게 선물한 박씨가 동일한 것이라는 사실이 가지는 몇 가지 의미는 다음과 같다. 후한 행위, 손이 큼, (아낌없이 주어진) 선물, (많은) 증여, (돈에 대해) 후함?!

{large̲sse - (돈에 대해) 후함}

□ lascivious

Lo̲ver의 si̲p이 어스̲름한 저녁에 가지는 몇 가지 의미는 다음과 같다. 외설적인, 도발적인, 음탕한?!

{lasci̲vious - 음탕한}

□ latent

레̲이디를 턴̲ 트̲집쟁이는 잠복기 동안 숨어 있는가?!

{la̲tent - 숨어 있는}

□ lavish

La̲rry는 Vi̲ctoria가 쉬̲를 하자 휴지를 아낌없이 주는가?!

{la̲vish - 아낌없이 주다}

□ law

Lo̲ve a̲lways wi̲ns?!
Li̲ars a̲lways wi̲n?!

{law - 법}

□ lawyer

La̲w란 ea̲r에 걸면 귀걸이, nose에 걸면 코걸이 식으로 그야말로 법버러지들의 말장난 그 이상도 그 이하도 아니란 사실을 악용해서 떼돈을 번 쓰레기 변호사?!

{la**w**yer - 변호사}

□ leech

Lee와 **chi**cken은 창조적인 한 쌍의 거머리?!

{leech - 거머리}

□ leery

Lee가 **어리**긴 해도 쉽게 속지 않는다는 사실이 가지는 몇 가지 의미는 다음과 같다. 교활한, 조심하는, 경계하는, 곁눈질하는, 의심이 많은?!

{**lee**ry - 의심이 많은}

□ leeway

Lee가 **way**를 잃어버리고도 전혀 초조하지 않은 것이 가지는 몇 가지 의미는 다음과 같다. (시간·공간·금전 등의) 여유, 시간의 손실, 계획·목표에 대한 뒤처짐, (사상·행동 등의) 자유재량의 여지?!

{**lee**way - (사상·행동 등의) 자유재량의 여지}

□ legacy

레이디의 **거**짓말과 **씨**암탉의 저질 알은 병신년(丙申年)의 유산?!

{**le**ga**c**y - 유산}

□ legitimate

리무진에서 **Ji**ll에게 **러**시아를 **밑**으로라고 강요하는 것은 합법적인가?!

{le**git**imate - 합법적인}

□ leniency

리무진에서 **니**체는 **언**제나 **씨**암탉에게 관대함?!

{**le**niency - 관대함}

☐ lenient

리무진에서 **니**체는 **언**제나 **트**림하는 자에게 관대한가?!

{**le**nient - 관대한}

☐ leopard

레이디란 **per**son이 **드**라큘라처럼 부패한 기업과 한통속이 되어 강제적으로 연금된 궁민들의 피를 빨아먹는 것을 보고 분노한 킬리만자로의 표범?!

{**le**opard - 표범}

☐ lesion

리무진 **전**체에 가득한 병변?!

{**le**sion - 병변(病變)}

☐ leukemia

루시퍼가 **키**우던 **미아**에게 발생한 백혈병?!

{**le**uk**e**mia - 백혈병}

☐ levee

레이디가 **비**로소 잠에서 깨어났음이 가지는 몇 가지 의미는 다음과 같다. 군주의 접견, 대통령의 접견 그리고 강가의 제방?!

{**le**vee - (강가의) 제방}

☐ levy

레이디의 **비**열함이 가지는 몇 가지 의미는 다음과 같다. 추가 부담금, 전쟁을 시작하다, 세금·벌금을 부과하다?!

{**le**vy - (세금·벌금 등을) 부과하다}

☐ lewd

루시퍼는 **드**라마틱하게 음란한가?!

{lewd - 음란한}

☐ liability

Lie(거짓말)도 **ability**라고 말하는 자가 가지는 몇 가지 의미는 다음과 같다.
골칫거리, 개인이나 회사의 빚, 의무, 법적 책임?!
{liability - 법적 책임}

☐ liable

Liar를 **업을** 경우 병에 걸리기 쉽고, 까딱하면 …하기 쉽고, 법에 따라 …해야 할
의무가 있으며, 법적 책임이 있는가?!
{liable - 법적 책임이 있는}

☐ libel

Liar와의 **블루스**를 묘사하는 것은 문서에 의한 명예 훼손?!
{libel - (문서에 의한) 명예 훼손}

☐ libertine

리무진에서 **버틴** 시간 동안 여자 승객들과 즐거운 시간을 보낸 자가 가지는 몇
가지 의미는 다음과 같다. (종교상의) 자유사상가, 방탕자, 난봉꾼?!
{libertine - 난봉꾼}

☐ libra

Lee's **bra**가 놓인 곳은 천칭자리?!
{libra - 천칭자리}

☐ ligand

리무진을 **건드**린 자가 가지는 몇 가지 의미는 다음과 같다. 배위자(配位子),
리간드?!
{ligand - 리간드}

☐ limpid

림프를 **피**처럼 **드**라큘라가 빨아 마시자마자 그에게서 보이는 빛이 가지는 몇

가지 의미는 다음과 같다. 투명한, 깨끗한, 명쾌한, 맑은?!

{limpid - (액체 따위가) 맑은}

☐ lionize

Liar가 **나**체를 **잊으**라고 하자 하루아침에 누드모델이 없어지게 된 사실이 가지는 몇 가지 의미는 다음과 같다. 유명인과 사귀고 싶어 하다, 명소로 안내하다, 명사 취급하다, 치켜세우다?!

{lionize - 치켜세우다}

☐ literate

'**리터**(liter)'를 **Ri**chard가 **트**집을 부리지 않고 '리터'라고 읽는 것이 가지는 몇 가지 의미는 다음과 같다. 학식이 있는, 읽고 쓸 수 있는?!

{literate - 읽고 쓸 수 있는}

☐ liver

리버풀(Liverpool)에 진출한 간?!

{liver - 간(肝)}

☐ livid

Lee와 **비**열한 **드**라큘라가 다정하게 말을 주고받으면서 강제로 연금된 궁민들의 피를 빠는 것이 가지는 몇 가지 의미는 다음과 같다. 기분이 으스스한, 납빛의, 검푸른, 창백한, 격노한?!

{livid - 격노한}

☐ logorrhea

라스베이거스의 **거**지 **Ri**chard에게 **어**느 날 발생한 병적 다변증(多辯症)?!

{logorrhea - 병적 다변증(多辯症)}

☐ loins

로그인을 **인**식할 **즈**음이 가지는 몇 가지 의미는 다음과 같다. 허리, 요부(腰部),

(사람의) 음부?!

{loins - (사람의) 음부}

□ longevity

란제리로 **버티**는 것이 가지는 몇 가지 의미는 다음과 같다. 장기근속, 장수?!

{long**e**vity - 장수(長壽)}

□ loom

루시퍼가 **움**막에 천문학적인 빛의 천사처럼 베틀을 들고 어렴풋이 나타나는가?!

{loom - 어렴풋이 나타나다}

□ lotus

Low 터에서 **스**스로를 낮추니 하늘의 은총으로 한없이 아름답게 피어오른 연꽃?!

{l**o**tus - 연꽃}

□ lubricant

Lucy가 **bri**dge와 **cunt**의 부드러운 결합을 위해 뭔가를 바르는 것이 가지는 몇 가지 의미는 다음과 같다. 미끄럽게 하는, 윤활제, 윤활유?!

{l**u**bricant - 윤활유}

□ lucid

Lucy가 **드**라큘라에게 피를 빨리는 순간이 가지는 몇 가지 의미는 다음과 같다. 맑은, 투명한, 빛나는, 명쾌한, 알기 쉬운, 의식이 또렷한?!

{l**u**cid - 의식이 또렷한}

□ lucrative

Lucifer를 **crush**해서 **팁으**로 샛별을 받는다면 수지맞는가?!

{l**u**crative - 수지맞는}

☐ luggage

수하물을 잃어버리지 않는 것이야말로 진정한 **luck이지**?!

{**lu**ggage - (여행용) 수하물}

☐ lugubrious

Lucy가 **구**르다가 **bri**dge에서 **어스**름한 저녁에 떨어지는 것이 가지는 몇 가지 의미는 다음과 같다. 우울한, 침울한, 가엾은, 애처로운?!

{**lugu**brious - 애처로운}

☐ lukewarm

Luke's **warm** Gospel is far from lukewarm?!

{**lu**kewarm - 미지근한}

☐ lunatic

Lucifer에게 "**너**는 **tic** 있지? 나는 머리에 폭탄이 설치되어 있어!"라고 횡설수설하는 자가 가지는 몇 가지 의미는 다음과 같다. 미친, 어이없는, 정신 이상의, 정신병자, 미치광이?!

{**lu**natic - 미치광이}

☐ lure

Lucifer는 **어**머니를 유혹하는가?!

{**lu**re - 유혹하다}

☐ lurid

Lucifer의 **rear**(뒤)에서 **드**라큘라가 피를 빠는 것이 가지는 몇 가지 의미는 다음과 같다. (색깔이) 야한, 창백한, 충격적인, 선정적인, 번쩍번쩍하는, 타는 듯이 붉은, 소름 끼치는?!

{**lu**rid - 소름 끼치는}

□ luscious

Lover가 **셔**츠를 **스**스럼없이 벗으니 이 얼마나 감미롭고 관능적인가?!

{**lus**cious - 관능적인}

□ lust

Lover가 **스트**리퍼와 함께 즐기는 이유는 단순히 성적인 욕망?!

{lust - (특히 애정이 동반되지 않은 강한 성적인) 욕망}

□ luxurious

Luck의 **주**인공 **Ri**chard가 **어스**름한 저녁에 투숙한 호텔은 사치스러운?!

{lux**u**rious - 사치스러운}

□ macabre

머저리가 **car**에서 **브라**를 벗고 성폭행을 저지르자 피해 여성이 가위로 싹둑 그 쓰레기에게 피의 복수를 했다는 사실이 가지는 몇 가지 의미는 다음과 같다. 죽음을 주제로 하는, 기분 나쁜, 으스스한, 섬뜩한?!

{mac**a**bre - 섬뜩한}

□ machination

매국노들이 **키**득거리면서 **nation**을 팔아먹기 위해 꾸미는 음모?!

{machin**a**tion - 음모}

□ maelstrom

매일 **스트**리퍼가 **럼**주를 마시자마자 벌어지는 사건이 가지는 몇 가지 의미는 다음과 같다. 큰 소용돌이, 큰 동요, 대혼란?!

{m**ae**lstrom - 대혼란}

□ maggot

매국노란 **것**들은 하나같이 더러운 구더기?!

{m**a**ggot - 구더기}

□ magnanimous

매국노가 **그**랬다. "**내**가 **너**희들이 **머**저리들이요, **스**스럼없는 친일파임에도 모두 살려 주는 것은 나 역시 친일파이기 때문이요, 특히 나라와 민족을 배반한 매국노들에게 묻지도 따지지도 않고 도량이 넓기 때문이다?!"

{magn**a**nimous - (특히 적이나 경쟁자에게) 도량이 넓은}

□ magnolia

매국노들이 **그**렇게 **놀리**던 **아**저씨는 사실 혹독한 겨울을 이겨 내고 피어난 아름다운 목련?!

{magn**o**lia - 목련}

□ magpie

매일 **그 파이**만 찾는 까치?!

{m**a**gpie - 까치}

□ mahogany

마호가니를 가지고 도대체 **머 하**는 **거니**?!

{mah**o**gany - 마호가니}

□ maieutic

"**May you tick**!"으로 표현되는 소크라테스의 산파법?!

{mai**eu**tic - (소크라테스의) 산파법의}

□ maim

불구로 만드는 것은 사랑의 매를 빙자한 폭력적인 **매임**?!

{maim - 불구로 만들다}

□ majestic

머저리가 **제**대로 **stick**을 휘두르면 위엄 있는가?!

{maj**e**stic - 위엄 있는}

□ majesty

매국노들을 **저 sti**ck으로 죽도록 패는 폐하의 위엄?!

{m**a**jesty - 위엄}

□ majority

머저리가 **조국 러**시아에서 **T**팬티를 입는 것에 대해 찬성하는 자들이 가지는 몇 가지 의미는 다음과 같다. 성년, 소령의 지위, 과반수 그리고 대다수?!

{maj**o**rity - 대다수}

□ malediction

Melody **Dick shun**s is malediction?!

{maled**i**ction - 저주}

□ malign

멀뚱거리면서 **라인**을 밟는 것이 가지는 몇 가지 의미는 다음과 같다. 유해한, 악성의, 해를 끼치다, 중상하다, 비방하다?!

{mal**i**gn - 비방하다}

□ malignant

멀리서 **그**것들이 **넌**지시 **트**집을 부리는 것이 가지는 몇 가지 의미는 다음과 같다. (종양이) 악성의, 유해한, 악의가 있는?!

{mal**i**gnant - 악의가 있는}

□ malleable

맬 리도, **업을** 리도 없는 자는 두드려 펼 수 있는가?!

{m**alle**able - 두드려 펼 수 있는}

□ **mammon**

매국노들이 **먼**저 일왕(日王)에게 나라와 민족을 팔자 그들의 팔자를 고치게 해준 맘몬?!

{**Ma**mmon - 맘몬. 부(富)와 탐욕의 신. 《마태복음 6:24》}

□ **managerial**

Many G들이 **real**ly managerial?!

{manag**e**rial - 경영의}

□ **mandate**

Man이 **date**에서 woman에게 더 이상 폭력을 휘두르지 못하도록 선거에 의해 국민으로부터 정부나 다른 조직에게 주어지는 권한으로 명령하는가?

{m**a**ndate - 명령하다}

□ **maneuver**

Money로 **누**군가가 **버**러지 같은 언론과 정치꾼들을 조종하고 부정직한 방법으로 계책을 부림으로써 실시한 대규모 군사 훈련은 결국 이익 달성을 위한 영리한 공작이자 묘책?!

{man**eu**ver - (이익 달성을 위한 영리한) 묘책}

□ **manifest**

Man이 **fast**를 해서 마침내 혼수상태에 빠졌다고 쓰레기들이 생난리를 치지만 정작 그자는 굶어 죽지 않고 오히려 의로운 자가 죽으니 사람들은 허탈감과 분노를 나타내는가?!

{m**a**nifest - (감정·태도·특질 등을 분명히) 나타내다}

□ **mantis**

Man에게 **티스**푼을 요구한 곤충은 사마귀?!

{m**a**ntis - 사마귀}

□ mantra

맨홀에서 **트라**이앵글을 치면서 외우는 주문?!

{m**a**ntra - 주문(呪文)}

□ manufacture

메뉴를 **fac**tory와 **chur**ch에서 제조하는가?!

{manuf**a**cture - 제조하다}

□ mar

Mars보다 Bacchus가 더 많은 사람을 죽이거나 망친다고?!

{mar - 망치다}

□ maraud

머저리 **로**미오는 **드**라마틱하게 줄리엣의 오빠를 습격하고 약탈하는가?!

{mar**au**d - 약탈하다}

□ marine

머린 필요 없는 해병대?!

{mar**i**ne - 해병대}

□ marrow

Matthew's **ro**mantic marrow?!

{m**a**rrow - 골수}

□ martyr

Mars의 **ter**minal에서 버스를 놓치는 바람에 화가 나서 죽은 순교자?!

{m**a**rtyr - 순교자}

□ masticate

Masturbate하면서 **Kate**는 야하게 풋고추를 씹는가?!

{m**a**sticate - 씹다}

□ matriculation

머저리의 **추리**와 **큘**렉스모기와 **la**dy를 **shun**한 자에게 주어진 것은 바로 대학
입학 허가?!

{matricul**a**tion - 대학 입학 허가}

□ maudlin

모두에게 **들린** 저 애달픈 소리가 가지는 몇 가지 의미는 다음과 같다. (특히 술에
취해) 넋두리를 하는, 걸핏하면 우는, 취하면 우는, 감상적인?!

{m**au**dlin - 감상적인}

□ maul

몰라볼 정도로 처참한 얼굴이 가지는 몇 가지 의미는 다음과 같다. 큰 나무망치,
혹평하다, 압승하다, 거칠게 다루다, (동물이 사람을 공격하여 살을 찢는) 상처를
입히다?!

{m**au**l - (동물이 사람을 공격하여 살을 찢는) 상처를 입히다}

□ meager

미친 **거**지의 식사가 가지는 몇 가지 의미는 다음과 같다. 불충분한, 빈약한?!

{m**ea**ger - 빈약한}

□ meander

미친년과 **Ander**son이 강가를 거닐면서 나눈 대화가 가지는 몇 가지 의미는
다음과 같다. (대화·논의 등이) 두서없이 진행되다, 정처 없이 거닐다, (강·도로 등이)
구불구불하다?!

{m**ea**nder - (강·도로 등이) 구불구불하다}

□ mechanic

머저리 **cat Nick**은 개고생하면서 집사의 차량 엔진을 수리하는 정비공?!

{mech**a**nic - (특히 차량 엔진) 정비공}

□ meconium

미녀의 **코**에서 **니**체의 **엄**마가 발견한 태변?!

{mec**o**nium - 태변(胎便)}

□ medication

Merry **Di**ck과 **Ka**te가 **shun**하는 것은 바로 약물치료?!

{medic**a**tion - 약물치료}

□ medicinal

머저리의 **디**스크와 **널**빠지는 약효가 있는가?!

{med**i**cinal - 약효가 있는}

□ mediocre

미디어가 **오**늘날 **커**다란 규모를 자랑하지만 정작 그 질은 기껏해야 평범한가?!

{medi**o**cre - 평범한}

□ meditation

Merry **Di**ck이 **ta**ble에서 **shun**하는 것은 바로 명상?!

{medit**a**tion - 명상}

□ medulla

머저리처럼 **멀**떨어진 **라**스베이거스 도박꾼이 가지는 몇 가지 의미는 다음과 같다. 연수(延髓), 숨골, 골수?!

{med**u**lla - 골수}

□ meiosis

My o**ld**er **sis**ter의 관심사는 연애 세포의 감수 분열?!

{mei**o**sis - (세포핵의) 감수 분열}

□ melancholy

Melon을 **칼리** 비누로 씻다가 발생한 우울증?!

{m**e**lancholy - 우울증}

□ mellifluous

멀리 flew하던 **어**느 **스**님이 칠흑같이 어두운 동굴에서 심한 갈증에 맛있게 마신 물이 알고 보니 해골바가지에 담긴 더러운 물이었다는 사실이 가지는 몇 가지 의미는 다음과 같다. 부드럽게 흘러나오는, 감미로운, 유창한, (꿀같이) 단?!

{mell**i**fluous - (꿀같이) 단}

□ membrane

Member의 **brain**의 막?!

{m**e**mbrane - 막(膜)}

□ memento mori

머저리 **mentor**가 **모**는 **리**어카가 가지는 몇 가지 의미는 다음과 같다. 죽음의 상징, 죽음의 경고?!

{mem**e**nto m**o**ri - 죽음의 경고(remember that you must die)}

□ memorandum

Memo를 **random**으로 해서 작성한 비망록?!

{memor**a**ndum - 비망록}

□ memorial

미모보다는 **real**ly beautiful spirit를 가졌던 무명 용사들을 위한 기념비?!

{mem**o**rial - 기념비}

□ mencius

Men을 **쳤으**면 합당한 처벌을 받아야 한다고 말한 맹자?!
{**Me**ncius - 맹자}

□ mendacious

Men이 **데이**트에서 **셔**츠를 **스**스럼없이 벗겼다고 주장하는 스트리퍼의
개소리가 가지는 몇 가지 의미는 다음과 같다. 허위의, 거짓말을 하는?!
{mend**a**cious - 거짓말을 하는}

□ mendicancy

Men이여! **Dick**이 **컨**테이너에서 **씨**암탉을 맹목적으로 추종한 결과가 무엇인지
아는가? 그것은 바로 다음과 같다. 구걸, 동냥, 탁발, 거지 생활?!
{m**e**ndicancy - 거지 생활}

□ menopause

매너리즘적인 **포즈**를 취하다가 맞게 된 폐경기?!
{m**e**nopause - 폐경기}

□ mercenary

머리를 **써**서 **내리**긴 했지만 엉뚱한 곳에서 내리는 바람에 해고된 용병?!
{m**e**rcenary - 용병}

□ merchandise

머저리들이 **천**박하게 **다 잊으**라고 하면서 팔아먹는 것은 피똥을 싸면서
승천하겠다고 우길 기세로 방사능에 오염된 섬나라 상품?!
{m**e**rchandise - (상점에서 파는) 상품}

□ merger

머저리들과 등신들의 협력 속에 강제로 연금된 궁민들의 피만 빨리게 만든
합병?!

{merger - 합병}

□ messiah

머리에 **쌓이**는 **아**주 뜨거운 숯불로 원수들을 요리한 메시아?!

{Messiah - 메시아}

□ metabolism

멋해서 **벌리**던 **즈음**에 특히 활발해진 신진대사?!

{metabolism - 신진대사}

□ metaphor

Matter for a metaphor?!

{metaphor - 은유}

□ metaphysics

Matthew와 **어**리석은 **Phil**ip은 **직**접 **스**승에게 물었다. "애국과 매국의 근본은 각각 무엇입니까?" 그러자 스승이 대답했다. "애국은 헌신(獻身)이요, 매국은 배신(背信)이다!" 이처럼 그들의 대화에 가득한 형이상학?!

{metaphysics - 형이상학}

□ methuselah

머저리, **뚱**쟁이, **전라**의 미인의 나이를 모두 합한 것보다 훨씬 더 나이가 많은 사람 므두셀라?!

{Methuselah - 므두셀라 《969세까지 살았다는 전설상의 사람. 창세기 V:27》}

□ meticulous

머저리의 **T**팬티에서 **쿨**렉스모기와 **love**making을 **스**스럼없이 즐기는 것이 가지는 몇 가지 의미는 다음과 같다. 꼼꼼한, 매우 신중한, 지나치게 세심한?!

{meticulous - 지나치게 세심한}

□ metropolis

머저리가 **추**(錘)**라**면 **police**는 벽시계를 잠시 소유한 화무십일홍적인 권력의 개이고, 그 개가 미친 듯이 짖어대는 곳은 흔히 한 국가나 행정 지역의 수도에 해당하는 대도시?!

{metropolis - (흔히 한 국가나 행정 지역의 수도에 해당하는) 대도시}

□ mew

Music이 너무 아름다워서 고양이가 야옹 하고 우는가?!

{mew - (고양이가) 야옹 하고 울다}

□ midwife

미드(미국 드라마)에서 **wife**의 역은 산파?!

{midwife - 산파(産婆)}

□ migraine

마이클이 그 **rain**을 맞자마자 생긴 편두통?!

{migraine - 편두통}

□ mince

민주적인 **스**님이 butcher(정육점 주인)에게 채식주의자가 될 것을 권하는 것이 가지는 몇 가지 의미는 다음과 같다. 갈아 놓은 고기, 점잔 빼는 말투, 맵시를 내며 종종걸음으로 걷다, 점잔 빼며 말하다, 완곡히 말하다, (고기 따위를) 다지다?!

{mince - (고기 따위를) 다지다}

□ minion

미친 **니**체에게 **언**년이가 가지는 몇 가지 의미는 다음과 같다. (부하·여자 등) 총애받는 사람, 아랫것, 앞잡이?!

{minion - 앞잡이}

□ miraculous

미래에 **쿨**렉스모기에게서 **lover**가 **스**스럼없이 피를 빠는 것은 기적적인가?!
{mir**a**culous - 기적적인}

□ mirage

미라처럼 **지**금까지 죽지 않고 살아 있는 거니? 이것이야말로 죽어도 죽지 않겠다는 망상이요 신기루?!
{mir**a**ge - 신기루}

□ mirth

머저리들이 **th**reesome을 즐기면서 즐겁게 웃는 것이 가지는 몇 가지 의미는 다음과 같다. 들떠서 떠들어대기, 희희낙락, 유쾌함, 명랑, 환락?!
{mirth - 환락}

□ misandry

미친놈이 **샌들이** 마음에 들지 않는다면서 살인마처럼 칼을 휘두른 결과는 남성 혐오?!
{mis**a**ndry - 남성 혐오}

□ misanthropy

Miss Ann이 **th**row해서 **Russian pig**를 죽인 사건이 푸틴에게 가지는 몇 가지 의미는 다음과 같다. 염세, 인간 불신, 사람을 싫어함?!
{mis**a**nthropy - 사람을 싫어함}

□ miscarriage

유산, 계획의 실패, 우편물의 불착으로 아주 힘든 사람은 **Miss Carry지**?!
{mis**ca**rriage - 유산(流産)}

□ miscarry

Miss Carry는 계획이 실패하고, 우편물도 도착하지 않자 결국 유산하는가?!

{miscarry - 유산하다}

□ mischief

Miss **Chi**cken이 **f**riend와 함께 우주 정거장 미르에서 한 것으로 추정되는 창조적인 장난?!

{mischief - 장난}

□ mischievous

Miss **Chi**cken이 **벗으**니 자한(自汗)과 당장이라도 바른 밀애를 당당하게 즐길 준비가 되어 있고 동시에 방사(房事)에도 능한 섬나라 원숭이들이 대대적인 자위로써 오르가슴의 근해(近海) 위로 피똥을 싸면서 승천하겠다고 우길 기세니 그 얼마나 짓궂은가?!

{mischievous - 짓궂은}

□ misdemeanor

미스가 **Di**ck을 **미**친 **너**구리라고 부르는 것은 경범죄?!

{misdemeanor - 경범죄}

□ misfit

『**미스**의 **핏**빛으로 물든 팬티』라는 저질 소설로 일본에서 베스트셀러 작가가 된 Lee는 사실 심각한 현기증에 시달리는 인간 사회 부적응자?!

{misfit - 부적응자}

□ misgivings

미스가 **g**iving에 **즈**음해서 혹시 잘못 주는 게 아닐까 하고 느낀 불안?!

{misgivings - 불안}

□ mishap

미스가 **햅**쌀밥을 먹고 체한 것은 그야말로 불운?!

{mishap - 불운}

□ misogyny

미친년이 **싸**움닭처럼 **저**러니 **니**체도 쇼펜하우어처럼 여성 혐오?!

{mis**o**gyny - 여성 혐오}

□ missionary position

Mission에서는 **Ri**chard가 **퍼지**지만 **shun**하지 않고 퍼지르는 성교에서는
정상 체위?!

{m**i**ssionary pos**i**tion - (성교의) 정상 체위}

□ mitigate

미리 게이가 **트**림하는 경우 형벌을 경감하는가?!

{m**i**tigate - (형벌 따위를) 경감하다}

□ mnemon

니체의 **만**족스러운 기억소?!

{mn**e**mon - 기억소}

□ mnemonics

니체가 **마**침내 **Nix**on에게 가르쳐 준 초인적인 기억술?!

{mnem**o**nics - 기억술}

□ moan

모두가 **운**이 나쁘다면서 불평하고 신음하는가?!

{m**oa**n - 신음하다}

□ mockery

Mother의 **curry**에 대한 **father**의 비웃음?!

{m**o**ckery - 비웃음}

☐ modify

<u>Mother</u>는 **파이**가 가족들의 입맛에 맞도록 굽는 방식을 변경하는가?!

{m**o**dify - (더 알맞도록) 변경하다}

☐ molar

몰래 **lo**ver를 성적으로 착취하다가 결국 죽게 만든 변태의 어금니?!

{m**o**lar - 어금니}

☐ molest

멀쩡한 **레**이디가 **스트**레스로 죽고 싶을 정도로 여자에게 성적으로 치근거리는가?!

{mol**e**st - (여자에게 성적으로) 치근거리다}

☐ mollusk

말라비틀어진 **lo**ver가 **스**님의 **크**나큰 은혜에 감사해서 시주한 것은 바로 연체동물?!

{m**o**llusk - 연체동물}

☐ monk

멍이 **크**게 생긴 수도사?!

{monk - 수도사}

☐ monogamy

<u>**머나**</u>먼 **거미**가 지지하는 일부일처제?!

{mon**o**gamy - 일부일처제}

☐ monolithic

만년설조차 **얼리**는 **thick**이 가지는 몇 가지 의미는 다음과 같다. 획일적이고 자유가 없는, 단일 결정(結晶)으로 된, 한 덩어리로 뭉친, 완전히 통제된, 돌 하나로 된?!

{monolithic - 돌 하나로 된}

□ **monologue**

마녀가 **널**뛰면서 **로그** 함수적으로 한 독백?!

{m**o**nologue - 독백}

□ **monopoly**

머나먼 **pol**ice는 부패한 권력의 개로서 주인의 사랑을 독점?!

{mon**o**poly - 독점}

□ **monotonous**

머나먼 **터**널을 **너스**레를 떨며 지나는 것은 단조로운?!

{mon**o**tonous - 단조로운}

□ **monoxide**

머나먼 **낙**원의 **side**로 데려가는 일산화물?!

{mon**o**xide - 일산화물}

□ **moo**

무식하면 평생 고생이라면서 소가 음매 하고 우는가?!

{moo - (소가) 음매 하고 울다}

□ **moot**

무식하게 **트**림하면서 법대생들이 연습을 위해 개최한 모의재판?!

{moot - (법대생 등이 연습을 위해 개최하는) 모의재판}

□ **morale**

머저리와의 **랠**리(rally)로 인해 진작된 사기?!

{mor**a**le - (군대·국민 등의) 사기}

☐ morbid

More 비극적인 **드**라마를 원하는 것은 병적인가?!

{m**o**rbid - 병적인}

☐ moron

모란이 피는 봄이 왜 찬란한 슬픔의 계절인지 모르는 얼간이?!

{m**o**ron - 얼간이}

☐ morose

머저리가 **rose**를 **스**님에게 시주하자 스님이 말없이 목탁을 치는 것이 가지는 몇 가지 의미는 다음과 같다. 기분이 언짢은, 까다로운, 시무룩한, 침울한, 뚱한?!

{mor**o**se - 뚱한}

☐ mortal

모르고 **틀**리든 알고 틀리든 인간은 죽을 수밖에 없는가?!

{m**o**rtal - 죽을 수밖에 없는}

☐ mortality

모텔에서 **lover**들은 **T**-shirt는 물론이고 옷이란 옷은 다 벗고 사랑을 나누다가 결국 피곤해서 죽어야 할 운명?!

{mort**a**lity - 죽어야 할 운명}

☐ moses

모두가 **짖으**면서 우상 앞에서 개처럼 굴 때 분노한 모세?!

{M**o**ses - 모세}

☐ mourning

Morning in mourning?!

{m**o**urning - 애도}

☐ munch

Monday에는 **chi**cken을 우적우적 먹는가?!
{munch - 우적우적 먹다}

☐ mundane

먼데서 **인**분이 묻은 채 구리게 시작하는 Monday는 세속적일 뿐 그다지 재미없는가?!
{mundane - 재미없는}

☐ munificent

Musician 니체가 **Philip**의 **son**에게 **트**라이앵글을 주는 것이 가지는 몇 가지 의미는 다음과 같다. 대단히 후한, 인색하지 않은, 아낌없이 주는?!
{munificent - 아낌없이 주는}

☐ mutant

Museum을 **턴 트**집쟁이는 돌연변이체?!
{mutant - 돌연변이체}

☐ mutiny

Museum을 **터니** 발생한 폭동?!
{mutiny - 폭동}

☐ myocardial infarction

My old **car**에서 **Dick**이란 **열**간이에게 **인**어가 **park**ing을 **shun**하면 곤란하다고 꼬리를 치자 흥분한 그에게 발생한 심근 경색?!
{myocardial infarction - 심근 경색}

☐ myopia

My old **pig**가 **아**주 미친 듯이 앞에 있는 것만 열심히 처먹는 것이 가지는 몇 가지 의미는 다음과 같다. 근시안적임, 근시안, 근시?!

{my**o**pia - 근시(近視)}

□ myriad

미리 얻으면 결국 잃어버리는 것들도 무수함?!
{m**y**riad - 무수함}

□ mystic

미스가 **tic**으로 괴로워하자 사실 인간을 가장 괴롭히는 것은 과거에 대한
memory와 미래에 대한 imagination이라고 말한 신비주의자?!
{m**y**stic - 신비주의자}

□ mystify

미스터 Fire가 Miss Fire와 빗나간 불장난을 하는 것이 가지는 몇 가지 의미는
다음과 같다. 신비화하다, 불가해하게 하다, 어리둥절하게 하다?!
{m**y**stify - 어리둥절하게 하다}

□ nadir

Neighbor들이 **dir**ty 하게 위에서 밤낮으로 쿵쿵거리고 그들의 아이들까지
그야말로 미친 듯이 뛰어다닌다면 이것이 가지는 몇 가지 의미는 다음과 같다.
천저(天底), 최하점, 최저점, 절망 상태, (어떤 상황에서의) 최악의 순간?!
{n**a**dir - (어떤 상황에서의) 최악의 순간}

□ naive

나체의 **이브**는 역시 나체로 빳빳하게 서 있는 아담이 언제까지나 가만히 서
있기만 할 것이라고 믿을 정도로 순진한가?!
{na**i**ve - (경험·지식 부족 등으로) 순진한}

□ natty

내 **T**팬티가 가지는 몇 가지 의미는 다음과 같다. 멋진, 세련된, 산뜻한, 말쑥한?!

{n**a**tty - 말쑥한}

□ negligence

내 **글**에서처럼 **리**무진에서 **전**라의 **스**님이 목탁을 치는 것이 가지는 몇 가지 의미는 다음과 같다. (문예·미술상의) 법칙의 무시, 단정치 못함, 자유분방, 부주의, 태만?!

{n**e**gligence - 태만}

□ negligible

내 **글**을 **리**무진에서 **접을** 수 있다면 무시해도 좋은가?!

{n**e**gligible - 무시해도 좋은}

□ negotiate

니체는 **고**자가 **쉬**를 **eight** times에 걸쳐서 하는 걸 참으면서 초인적으로 협상하는가?!

{neg**o**tiate - 협상하다}

□ nemesis

네 머저리 **sis**ter들이 받은 천벌?!

{n**e**mesis - 천벌}

□ neophyte

니체가 **어**머니와의 **fight**에서 초인적 승리를 거둔 것이 가지는 몇 가지 의미는 다음과 같다. 신참(新參), 초보자, 신임 사제, (최근에 종교를 바꾼) 신개종자?!

{n**e**ophyte - (최근에 종교를 바꾼) 신개종자}

□ nephew

네? **Few**와 little의 차이를 모르는 조카?!

{n**e**phew - 조카}

□ neurology

New랄까, **lo**ver의 **지**랄이랄까, 뭔가 예민한 신경학?!
{neur**o**logy - 신경학}

□ niece

니스 칠을 하는 조카딸?!
{niece - 조카딸}

□ nihilist

나이와 **얼**굴이 **리스트**에 오른 허무주의자?!
{n**i**hilist - 허무주의자}

□ nipple

니체 **플**러스 나체가 가지는 몇 가지 의미는 다음과 같다. 그리스(grease) 주입구, 파이프 이음쇠, 젖꼭지?!
{n**i**pple - 젖꼭지}

□ nitty-gritty

니체의 **T**팬티가 **그리스 T**팬티라는 것이 가지는 몇 가지 의미는 다음과 같다. 엄연한 진실, (문제의) 핵심?!
{n**i**tty-gr**i**tty - (문제의) 핵심}

□ nocturnal emission

낙원의 **터널**에서 **이 mission**을 짜릿하게 완수했으니 그것은 바로 몽정?!
{noct**u**rnal em**i**ssion - 몽정}

□ noisome

노는계집과 **이**자의 **some**thing creative가 사람들에게 가지는 몇 가지

185

의미는 다음과 같다. 구린, (극도로) 역겨운, 유독한, 해로운, 악취가 나는?!

{n**oi**some - 악취가 나는}

□ nomad

No mad? Then, you must be a nomad?!

{n**o**mad - 유목민}

□ nominee

지명된 사람이 너야? 그럼 **나 머니**?!

{nomin**ee** - 지명된 사람}

□ nonplus

"**난 플러스**는 알아요! 하지만 마이너스는 몰라요!"라고 말하는 바보가 수학 선생에게 가지는 몇 가지 의미는 다음과 같다. 곤경, 궁지, 당혹, 당황하게 만들다, 어찌할 바를 모르게 하다?!

{nonpl**us** - 어찌할 바를 모르게 하다}

□ normal

North와 **멀**어진 South가 다시 가까워지는 것은 정상적인가?!

{n**o**rmal - 정상적인}

□ nostrum

나불거리면서 **스트**레이트로 **럼**주를 마시고 음주 운전하는 개들이 음주 운전 처벌을 강화한답시고 만든 법이 가지는 몇 가지 의미는 다음과 같다. 엉터리 약, 가짜 약, (정치·사회 문제 해결의) **묘책**, (제조자가 자찬하는) **묘약**, (성공할 가능성이 없어 보이는) 처방?!

{n**o**strum - (성공할 가능성이 없어 보이는) 처방}

□ notary

노는계집의 **털이** 술과 함께 누군가의 입속으로 사라진 것을 인증한 공증인?!

{n**o**tary - 공증인}

□ notoriety

노인들이 **터**놓고 **r**ightist라니까 **어**떻게 **티**가 안 날 수가 없는 게 보수라도 받아야만 출동한다는, 틀림없이 딱따구리가 퍼뜨린 것으로 추정되는 가짜 뉴스와 다를 바 없는 악명?!

{notor**i**ety - 악명}

□ notorious

노인이 **토**한 **리**어카는 **어스**름한 저녁이면 악취로 악명 높은가?!

{not**o**rious - 악명 높은}

□ novice

나비로서 **스**스로 날 수 있을 때까지 고통의 시간을 인내해야 하는 애벌레가 가지는 몇 가지 의미는 다음과 같다. (아직 중요 대회에서 우승한 적이 없는) 초보 경주마, 수련 수사, 신참, 초심자, 초보자?!

{n**o**vice - 초보자}

□ nuisance

뉴슨(뉴스는) **스**스럼없는 가짜 뉴스가 대부분이니 저 거지 같은 뉴스가 진짜인지 가짜인지 일일이 확인해야 하는 것은 그야말로 성가신 것?!

{n**ui**sance - 성가신 것}

□ numen

New Monday를 만드는 자가 가지는 몇 가지 의미는 다음과 같다. 근원력, 창조력, 수호신, (자연물 또는 장소에 깃든다고 여겨지는) 신령?!

{n**u**men - (자연물 또는 장소에 깃든다고 여겨지는) 신령}

□ numinous

News에서 **머**저리들이 **너스**레를 떨면서 가짜 뉴스를 퍼뜨리고 돌아가는 길에

벼락에 맞아 죽은 사건이 가지는 몇 가지 의미는 다음과 같다. 신의 존재를 느끼게 하는, 신비한, 장엄한, 초자연적인?!

{n**u**minous - 초자연적인}

□ nymphomaniac

님프가 **포**르노에 **매이니** **액**체 교환까지 즐기게 된 나머지 이제는 그야말로 여자 색정광?!

{nymph**oma**niac - 여자 색정광}

□ obese

오직 **비스**킷만 먹는데 도대체 왜 뚱뚱한가?!

{ob**e**se - 뚱뚱한}

□ obesity

OB(obstetrician)의 **city**에서는 허구한 날 맥주를 마시니 산모조차도 비만?!

{ob**e**sity - 비만}

□ obfuscate

앞에서 **퍼**마시다가 **스케이트**를 타자마자 뒤로 자빠진 자가 가지는 몇 가지 의미는 다음과 같다. (판단 등을) 흐리게 하다, 당황하게 하다, 혼란스럽게 만들다?!

{**o**bfuscate - 혼란스럽게 만들다}

□ obituary

OB가 **추**운 **애리**조나에서 우연히 본 MB(Bachelor of Medicine)의 사망 기사?!

{ob**i**tuary - (약력을 붙여 신문에 싣는) 사망 기사}

□ obligation

아재가 **bli**zzard와 **게이**를 **shun**하는 것이 가지는 몇 가지 의미는 다음과 같다. 채무, 의무?!

{oblig**a**tion - 의무}

□ oblige

업을 **lia**r에게 **G**새끼가 가지는 몇 가지 의미는 다음과 같다. 은혜를 베풀다, 의무적으로 …하게 하다?!

{obl**i**ge - 의무적으로 …하게 하다}

□ oblique

업을 **리**도 **크**게 웃을 리도 없는 자의 자세는 비스듬한가?!

{obl**i**que - 비스듬한}

□ oblivion

업을 **리**도 **비**상식적으로 **언**제나 업힐 리도 없는 자가 가지는 몇 가지 의미는 다음과 같다. 무의식 상태, 인사불성, (명성·중요성 등을 잃고) 잊혀짐, 망각?!

{obl**i**vion - 망각}

□ obnoxious

어머니의 **브**라에 **낙**서하고 **셔**츠에도 **스**스럼없이 낙서하는 것이 가지는 몇 가지 의미는 다음과 같다. 밉살맞은, 불쾌한?!

{obn**o**xious - 불쾌한}

□ obscene

업신여김을 당할 만큼 음란한가?!

{obsc**e**ne - 음란한}

□ obscenity

없애! **너**의 **T**팬티는 지나치게 음란함?!

{obscenity - 음란함}

□ obsequies

앞서 퀴즈에 나온 장례식?!
{**ob**sequies - 장례식}

□ observable

업으면 **저 버블**을 관찰할 수 있는가?!
{obs**e**rvable - 관찰할 수 있는}

□ observance

업으면서 **저번**에 **스**님이 목탁을 친 사실이 가지는 몇 가지 의미는 다음과 같다.
(종교·전통) 의식, (법률·규칙 등의) 준수?!
{obs**e**rvance - (법률·규칙 등의) 준수}

□ observation

아브라함이 **저 ba**by들을 **shun**하지 않고 영접하는 나라야말로 천국임을
알아낼 수 있었던 이유는 바로 관측과 관찰?!
{observ**a**tion - 관찰}

□ obsession

없애기보다는 **shun**해야 한다는 똥에 대한 강박 관념?!
{obs**e**ssion - 강박 관념}

□ obsolete

앞에서 **셜리**는 **트**라이앵글이 가지는 몇 가지 의미는 다음과 같다. 구식의,
한물간, 폐물이 된, 시대에 뒤진, 더 이상 쓸모가 없는?!
{obsol**e**te - 더 이상 쓸모가 없는}

□ obstetrician

앞에서 **스터**디와 **tri**ck을 **shun**하지 않는 산과의?!

{obstetrician - 산과의(產科醫)}

□ obstetrics

없으면 **테**이프나 **tricks**로 대신하는 산과학?!

{obstetrics - 산과학(產科學)}

□ obstinacy

압제적인 **스터**디로 **너**저분한 **씨**암탉의 완고함?!

{obstinacy - 완고함}

□ occlude

어머니의 **clue**(실마리)로써 **드**라큘라가 법망을 빠져나가지 못하게 된 것이 가지는 몇 가지 의미는 다음과 같다. 폐색하다, 방해하다, (윗니와 아랫니가) 맞물리다, (통로·구멍 따위를) 막다?!

{occlude - (통로·구멍 따위를) 막다}

□ occult

어머니가 **컬**럭거리면서 **트**라이앵글을 치는 것이 가지는 몇 가지 의미는 다음과 같다. 비학(秘學), 오컬트, 신비로운 사상, 초자연적인, 불가사의한, 신비로운, 마술적인, 비술적인?!

{occult - 비술적인}

□ occur

어머니의 **curr**y에 여왕이 찬사를 보내는 일이 발생하는가?!

{occur - 발생하다}

□ octahedron

악당에게 **터**진 **히드**라가 **run**하자 생긴 8면체?!

{octahedron - 8면체}

□ octane

악하게 **태**어난 **인**간이든 선하게 태어난 인간이든 모두가 사용하는 석유에 존재하는 옥탄?!

{**o**ctane - 옥탄 《석유 중의 무색 액체 탄화수소》}

□ odium

오디선에서 **얼**살을 부리는 것이 기지는 몇 가지 의미는 다음과 같다. 비난, 악평, 증오?!

{**o**dium - 증오}

□ odyssey

아재들과 **더**러운 **씨**암탉의 분탕질로 가득한 지옥에서 Joe의 아들에게 영감을 준 오디세이?!

{**O**dyssey - 오디세이}

□ olfactory

알몸으로 **factory**에서 밤일할 때 예민한 후각의?!

{olf**a**ctory - 후각의}

□ oligarchy

알래스카의 **lo**ver가 **gar**den에서 **키**우는 과두 정치?!

{**o**ligarchy - 과두 정치}

□ omen

Oh가 **먼**저 나오는 것은 my God가 나타날 전조?!

{**o**men - 전조}

☐ omnipotence

앞니로 **퍼**즐을 **턴** 스님이 가지는 몇 가지 의미는 다음과 같다. 무한한 힘, 전능?!

{omni̱potence - 전능}

☐ omniscience

앞니를 **shun**하는 스님이 가지는 몇 가지 의미는 다음과 같다. 박식, 전지(全知)?!

{omni̱science - 전지(全知)}

☐ omnivore

앞니를 **보**면 **어**렵지 않게 알 수 있는 잡식 동물?!

{o̱mnivore - 잡식 동물}

☐ oncology

앙칼진 **lo**ver를 **지**나치게 앙칼지게 만드는 종양학?!

{onco̱logy - 종양학}

☐ opaque

오랜만에 **pay**가 **크**게(?) 오르면 대기업이 망하고 나라가 망한다는 개소리가 가지는 몇 가지 의미는 다음과 같다. 우둔한, 분명치 않은, 이해하기 힘든, (유리·액체 등이) 불투명한?!

{opa̱que - (유리·액체 등이) 불투명한}

☐ opine

오빠에게 **파인** 옷을 입으라고 말한 로댕이 가지는 몇 가지 의미는 다음과 같다. 생각하다, 의견을 말하다?!

{opi̱ne - 의견을 말하다}

☐ opportunist

아재라는 **per**son은 **Tu**esday에 **니**체에게 **스트**레스를 유발하는

기회주의자?!
{opport**u**nist - 기회주의자}

☐ **oppose**

어머니의 **pose**에 아버지가 반대하는가?!
{opp**o**se - 반대하다}

☐ **opprobrium**

어머니가 **pro**(매춘부)라면서 **bri**dge에서 **엄**지와 새끼손가락으로 인증하는
패륜적인 멍청이들에 대한 사람들의 분노가 가지는 몇 가지 의미는 다음과 같다.
욕지거리, 불명예, 오명, 악담, (대중의) 맹비난?!
{oppr**o**brium - (대중의) 맹비난}

☐ **optimistic**

압제자에게 **터**진 **미스**는 **tic**까지 있지만 여전히 낙관적인가?!
{optim**i**stic - 낙관적인}

☐ **orchid**

Orchid **or kid**?!
{**o**rchid - 난초}

☐ **orion**

어린 **Ryan**에게 정(情)을 준 오리온?!
{Or**i**on - 오리온}

☐ **ornery**

오너 **Ri**chard가 가지는 몇 가지 의미는 다음과 같다. 비열한, 고집 센,
시비조의, 상스러운, 성질 더러운, 화를 잘 내는?!
{**o**rnery - 화를 잘 내는}

□ osmosis

아즈텍족(Aztec)의 **모**자라는 **sis**ter조차 쉽게 이해하는 삼투?!

{osm**o**sis - 삼투}

□ osteoporosis

아스피린과 **티오**(TO)를 **퍼**뜨리던 **ro**mantic **sis**ter에게 생긴 골다공증?!

{osteopor**o**sis - 골다공증}

□ ostracize

아재가 **스**스럼없이 **tru**ck에서 **size**가 엄청난 물건을 꺼내서 에로틱하게 흔들자 상대적으로 왜소한 크기의 물건을 가진 동료들이 질투심에 사로잡힌 나머지 그를 추방하는가?!

{**o**stracize - 추방하다}

□ otter

아줌마에게 **터**진 수달?!

{**o**tter - 수달}

□ ovary

오늘 **벌이** 들어간 곳은 다음과 같다. 씨방, 난소?!

{**o**vary - 난소}

□ overt

Over **트**림은 구역질나게 만든다는 것은 명백한가?!

{**o**vert - 명백한}

□ overwrought

Over하는 **로**맨티스트가 **트**림조차 로맨틱하게 하려고 애쓰는 것이 가지는 몇 가지 의미는 다음과 같다. 잔뜩 긴장한, 지나치게 공들인?!

{overwr**ough**t - 지나치게 공들인}

□ oxide

악의 **side**에서 발견된 산화물?!

{**oxide** - 산화물}

□ pachyderm

패키지여행을 **덤**으로 요구한 후피 동물?!

{**pa**chyderm - 후피 동물}

□ paean

피해자들이 **언**젠가 불타오르는 태양이 물에 잠긴 뽕밭 너머로 지는 것을 바라보면서 함께 부르게 될 노래가 가지는 몇 가지 의미는 다음과 같다. (태양신 아폴론에게 바치던) 찬가, 환호성, 기쁨의 노래, 승리의 노래?!

{**pae**an - 승리의 노래}

□ pallid

팰리스(palace)의 **드**라큘라가 가지는 몇 가지 의미는 다음과 같다. 핏기없는, 활기 없는, 해쓱한, 창백한?!

{**pa**llid - 창백한}

□ palpable

팰수록 **퍼**레지고 **bl**ue 하게 됨은 만질 수 있을 만큼 명백한가?!

{**pal**pable - 명백한}

□ palter

Paul은 **ter**minal에서 흥정하면서 얼버무리는가?!

{**pa**lter - 얼버무리다}

□ panacea

패악하고 **너**저분한 **씨**암탉은 **아**재들이 선거에서 승리하기 위해 써먹었던 만병통치약?!

{panac**ea** - 만병통치약}

□ panache

퍼내자마자 **쉬**를 하는 아기가 가지는 몇 가지 의미는 다음과 같다. 허세, 겉치레, (투구의) 깃털 장식, 당당한 태도, 위풍당당?!

{pan**a**che - 위풍당당}

□ pancreas

펭귄이 **크리**스마스 **어스**름한 저녁에 얼려 버린 췌장?!

{p**a**ncreas - 췌장}

□ pancreatic cancer

펭귄이 **크리**스마스에 **attic**(다락)에서 **캔**을 **써**서 치료한 췌장암?!

{pancre**a**tic c**a**ncer - 췌장암}

□ pandemic

팬 데를 **믹**서로 다시 패는 것은 폭력적인 유행병?!

{pand**e**mic - 유행병}

□ pandemonium

팬티의 **더**러움을 **모**르는 **니**체에게 **엄**마가 들려준 세상의 본질은 다음과 같다. 지옥, 복마전, 수라장, 대혼란?!

{pandem**o**nium - 대혼란}

□ pang

팽(烹) 당한 자의 격통?!

{pang - 격통}

□ panoply

팬(pan)을 **엎을 리**도 없고 망가뜨릴 리도 없는 자들이 가지는 몇 가지 의미는 다음과 같다. 장관, (도구의) 한 벌, 완전한 장비, 훌륭한 장식, 장대한 진용 배열, (많은 수의 인상적인) 집합?!

{p**a**noply - (많은 수의 인상적인) 집합}

□ parable

패러디처럼 **블**루스를 추는 자가 가지는 몇 가지 의미는 다음과 같다. 우화, 비유?!

{p**a**rable - 비유}

□ parabola

퍼마시던 **ra**bbit이 **벌**써 **라**스베이거스에 도착한 것을 목격한 포물선?!

{par**a**bola - 포물선}

□ parachute

패러디처럼 **shoot**하면서 헛발질함에도 불구하고 연봉만큼은 기가 막히게 높은 낙하산?!

{p**a**rachute - 낙하산}

□ paradox

패러디처럼 **닭**이 **스**스럼없이 내민 발이 놀랍게도 오리발임은 창조적인 역설?!

{p**a**radox - 역설}

□ paragon

패러 간 자는 바보처럼 맞기만 하는 자들의 귀감?!

{p**a**ragon - 귀감}

□ parameter

Person이 **ra**bbit과 **meter**를 가지고 만든 매개 변수?!

{par**a**meter - 매개 변수}

□ paranoia

패러디로써 **노**를 **이**렇게 **아**직도 조롱하는 쓰레기들의 편집증?!
{paran**oia** - 편집증}

□ pariah

Person **ri**des **a** pariah?!
{par**ia**h - 천민}

□ parliament

팔불출처럼 **lovemaking**과 **먼**저 **트**집 잡기 위해 기밀문서를 훔치는 것과 자기 밥그릇 챙기는 것 외에는 그야말로 아무것도 할 줄 아는 게 없고 그래서 심지어 재처리조차 불가능한 쓰레기들로 가득한 의회?!
{p**a**rliament - 의회}

□ parochial

퍼마시는 **ro**mantic **ki**d가 **얼**간이라는 사실이 가지는 몇 가지 의미는 다음과 같다. (교회) 교구의, (편협한) 지역주의의?!
{par**o**chial - (편협한) 지역주의의}

□ parricide

패러디로 **side**에서 부모를 죽도록 웃겨서 결국 죽인 어버이 살해범?!
{p**a**rricide - 어버이 살해범}

□ parry

패리라 하면서 팼지만 아무도 제대로 패지 못한 것이 가지는 몇 가지 의미는 다음과 같다. 받아넘김, 얼버무림, (펜싱 따위에서) 슬쩍 피함, (슬쩍) 피하다, 회피하다, 얼버무리다, (공격·질문을) 받아넘기다?!
{p**a**rry - (공격·질문을) 받아넘기다}

□ particle

Party가 **클**수록 더 커지는 입자?!
{p**a**rticle - 입자}

□ patent

패거리의 **튼**실한 **트**집이 가지는 몇 가지 의미는 다음과 같다. 명백한, 개방된, 특허권을 가진, 독특한 것, 특허권, 특허?!
{p**a**tent - 특허}

□ pathetic

퍼덕거리면서 **the**ft에 **tic**까지 즐기는 닭은 그 얼마나 애처로운가?!
{path**e**tic - 애처로운}

□ patriot

Page와 **trick**이 **엇**갈리게 만든 애국자?!
{p**a**triot - 애국자}

□ patron

Pay로써 **추**하게 **run**하게 만든 후원자?!
{p**a**tron - 후원자}

□ paucity

포르노의 **city**에서 성폭력을 저지른 자들에 대한 당국의 처벌 의지와 실제로 처벌을 받은 자들의 수가 가지는 몇 가지 의미는 다음과 같다. 부족, 결핍, 소량, 소수?!
{p**au**city - 소수}

□ pauper

포경선에서 **per**son이 한 마리의 고래도 잡지 못한다면 그는 결국 극빈자?!
{p**au**per - (구빈법(救貧法)의 적용을 받는) 극빈자}

□ peach

Peanut은 **chi**cken이 맛이 갔다고 Mr. KF에게 밀고하는가?!

{peach - 밀고하다}

□ peculiar

피곤한 **큘**렉스모기가 **리어**왕의 피를 빠는 것은 독특한가?!

{peculiar - 독특한}

□ pecuniary

PQ로 **니**체가 **애리**조나에서 얻은 이익은 금전적인가?!

{pecuniary - 금전적인}

□ pedantic

피곤한 **댄**서는 **tic**이 있음에도 현학적인가?!

{pedantic - 현학적인}

□ pedestrian

퍼마시는 **대**단한 **stri**pper는 **언**제나 길에서도 스트립쇼를 즐기는 보행자?!

{pedestrian - 보행자}

□ pedophile

Peter가 **더**러운 **file**로 팬 그자는 어린이에 대한 이상 성욕자?!

{pedophile - 어린이에 대한 이상 성욕자}

□ pelvis

펠레가 **비스**킷을 차서 골대에 반만 들어가자 아쉬워하는 골반?!

{pelvis - 골반}

☐ **penchant**

팬티에 **천**하게 **트**림하는 것이 가지는 몇 가지 의미는 다음과 같다. 기호, 취미, 경향?!

{penchant - 경향}

☐ **penetration**

페니스의 **tra**der가 **shun**하지 않는 행위가 가지는 몇 가지 의미는 다음과 같다. 남성 성기의 삽입, 침투, 관통?!

{penetration - 관통}

☐ **peninsula**

퍼덕거리는 **nin**ja들과 **썰**렁한 **라**스베이거스의 도박꾼들이 호시탐탐 노리는 반도?!

{peninsula - 반도}

☐ **penitence**

페니스를 **턴 스**님이 부처님 앞에서 목탁을 치는 것이 가지는 몇 가지 의미는 다음과 같다. 뉘우침, 참회?!

{penitence - 참회}

☐ **penurious**

Person이 **누리**다가 **어스**름한 저녁에 파산하면 궁핍한가?!

{penurious - 궁핍한}

☐ **peony**

피어서 **니**체에게 영감을 주는 모란?!

{peony - 모란}

☐ **perceive**

Person들은 **씹으**면서 서로를 파악하고 감지하는가?!

{perc**ei**ve - 감지하다}

□ **peremptory**

Person이 **ram**(숫양)의 **털이** 너무 많다고 하면서 모조리 깎아 버리는 것이 가지는 몇 가지 의미는 다음과 같다. 단호한, 거만한, 독단적인, 결정적인, 강압적인, 위압적인?!

{per**e**mptory - 위압적인}

□ **perforate**

Person인지 **funny rap**ist인지 **트**레이너인지 도대체 정체를 알 수 없는 자가 폭행과 성폭행을 일삼는 경우가 가지는 몇 가지 의미는 다음과 같다. 꿰뚫다, 관통하다, 구멍을 내다?!

{p**e**rforate - 구멍을 내다}

□ **perfunctory**

Person에게서 **func**tion(함수)적으로 **털이** 빠지자 가발을 쓰는 것이 가지는 몇 가지 의미는 다음과 같다. 마지못해서 하는, 열의 없는, 기계적인, 형식적인?!

{perf**u**nctory - 형식적인}

□ **perigee**

패러글라이딩으로 **지**면에 닿기 직전처럼 가까워진 지점이 바로 근지점?!

{p**e**rigee - 근지점 《달·행성이 지구에 가장 가까워지는 지점》}

□ **periodic**

피리로 **아**줌마가 **Dick**에게 마술을 거는 것은 주기적인가?!

{peri**o**dic - 주기적인}

□ **peripatetic**

패러디를 **퍼**뜨리는 **테**러리스트는 **tic**이 있음에도 소요학파의 학도처럼 걸어 돌아다니는가?!

{peripatetic - 돌아다니는}

□ perish

패리라! **쉬**리라! 완전히 가리라! 썩으리라! 비명횡사하리라?! 그렇게 멸망하리라?!

{p**e**rish - 멸망하다}

□ perjury

Person들이 **저리**도 뻔뻔힐 수 있을까 싶을 정도로 당년(當年)의 증인들은 하나같이 위증?!

{p**e**rjury - 위증}

□ pernicious

Person이 **니**체의 **셔**츠를 **스**스럼없이 벗기는 것은 유해한가?!

{pern**i**cious - 유해한}

□ perorate

패러디처럼 **ra**cer는 **트**림하면서 열변을 토하는가?!

{p**e**rorate - 열변을 토하다}

□ perpetrate

Person은 **퍼**런 **tray**(쟁반)에 **트**림하면서 범행·과실·악행을 저지르는가?!

{p**e**rpetrate - (범행·과실·악행을) 저지르다}

□ persecute

Person이 **씨**암탉을 **cute**라고 하자 양계장 주인이 그를 박해하는가?!

{p**e**rsecute - 박해하다}

□ personnel

Person들이 〈**Nel**la Fantasia〉를 모두 함께 부른다는 것이 가지는 몇 가지 의미는 다음과 같다. (회사의) 인사과, (조직·군대의) 인원?!

{personnel - (조직·군대의) 인원}

□ perspective

Person에게 **스펙**트럼을 **팁으**로 준다는 것이 가지는 몇 가지 의미는 다음과 같다. 원근법, 균형감, 전망, 관점?!

{perspective - 관점}

□ perspire

Person과 **스파이**는 **어**색하게 땀을 흘리는가?!

{perspire - 땀을 흘리다}

□ pertain

Person이 **테**러리스트와 **인**간을 구별하지 못하고 독립투사를 테러리스트라고 부르는 그자는 토착 왜구가 틀림없다는 사실이 가지는 몇 가지 의미는 다음과 같다. 속하다, 적합하다, 어울리다, 관계있다?!

{pertain - 관계있다}

□ perusal

Person이 **루**돌프에게 **절**대적으로 권한 『크리스마스 캐럴』의 정독?!

{perusal - 정독}

□ pervert

Person의 **벗**은 몸을 몰래 훔쳐볼 수 있어서 다행이라며 나체로 자위하는 변태 성욕자?!

{pervert - 변태 성욕자}

□ pessimistic

페트병과 **써**레몽둥이로 **미스**에게 **tic**을 유발시키는 자는 비관적인가?!

{pessimistic - 비관적인}

□ pew

퓨마도 함께 앉은 교회의 신도석?!

{pew - (교회의) 신도석}

□ phalanx

Fellow의 **leng**th에 **크**나큰 **s**mile을 지으면서 몰려든 사람들이 가지는 몇 가지 의미는 다음과 같다. (고대 그리스의) 방진(方陣), 동지들, 밀집 대형?!

{ph**a**lanx - 밀집 대형}

□ pharmaceutics

Farmer가 **Sue**의 **tic**을 **스**스로 고치기 위해 공부한 약학?!

{pharmac**eu**tics - 약학}

□ pharmacy

Farmer와 **씨**암탉이 함께 운영하는 병원의 조제실과 약국?!

{ph**a**rmacy - 약국}

□ phenomena

피곤하게 **나**대는 **미**친개들이 **나**라를 말아먹을 때면 언제나 나타나는 창조적인 현상들?!

{phen**o**mena - phen**o**menon(현상)의 복수형}

□ philistine

Philip이 **스**스럼없이 **teen**과 성매매를 하는 나이 많은 어른이라는 사실이 가지는 몇 가지 의미는 다음과 같다. 속물적인, 교양 없는, (미술·음악·문학 등을 모르는) 교양 없는 사람, 속물?!

{ph**i**listine - 속물}

□ philosophic

Philip이 **lo**vemaking에서 **싸**자마자 **픽** 쓰러지는 것이 가지는 몇 가지 의미는 다음과 같다. 철학에 관한, 철학에 통달한, 이성적인, 달관한, 철학의?!
{philosophic - 철학의}

□ phlegm

Fleming의 법칙이 가지는 몇 가지 의미는 다음과 같다. 침착성, 가래?!
{phlegm - 가래}

□ phoebus

Philip과 bus에서 만난 포이보스?!
{Phoebus - 포이보스. 《아폴론의 호칭 중 하나》}

□ phoenician

Finish shunning a Phoenician?!
{Phoenician - 페니키아 사람}

□ photosynthesis

Photo의 sin은 Thursday에 sister와 함께 한 광합성?!
{photosynthesis - 광합성}

□ physician

피지(Fiji)를 shun하는 내과 의사?!
{physician - 내과 의사}

□ physicist

피지(Fiji)에서 sister와 트라이앵글을 치고 있는 물리학자?!
{physicist -물리학자}

□ physiology

피지(Fiji)에서 알러지(allergy)를 치료하기 위해 공부한 생리학?!
{physiology - 생리학}

□ pier

<u>피어</u>오르는 김이 가지는 몇 가지 의미는 다음과 같다. 방파제, 교각(橋脚), 호숫가·강가·바닷가의 잔교(棧橋), 부두?!

{p<u>ie</u>r - 부두}

□ piety

<u>Pie</u>와 <u>어</u>머니의 <u>T</u>팬티를 훔치는 도둑도 교회에서는 의외로 경건함?!

{p<u>ie</u>ty - 경건함}

□ pilate

<u>파일럿</u>(pilot)으로 환생한 것으로 추정되는 빌라도?!

{P<u>i</u>late - 빌라도《예수를 처형시킨 Judea의 로마 총독》}

□ pine

<u>파인</u> 옷을 입은 그녀가 그에게 가지는 몇 가지 의미는 다음과 같다. 솔, 소나무, (슬픔·사랑으로) 한탄하며 지내다, 수척해지다, 갈망하다, 연모하다?!

{p<u>i</u>ne - 연모하다}

□ pious

<u>파이</u>를 <u>어스</u>름한 저녁에 굽는 자는 경건한가?!

{p<u>io</u>us - 경건한}

□ pithy

<u>피</u>는 <u>thi</u>ck하다는 표현은 함축성 있고 간결한가?!

{p<u>i</u>thy - (표현 등이) 간결한}

□ pivotal

<u>피</u>곤한 <u>버</u>러지들을 <u>틀</u>림없이 제거하는 것이야말로 중심이 될 정도로 중요한가?!

{p<u>i</u>votal - 중요한}

□ placate

Playboy가 **Kate**와 함께 노는 것이 가지는 몇 가지 의미는 다음과 같다. 회유하다, 달래다?!

{pl**a**cate - 달래다}

□ plagiarism

Playboy가 **저리**던 **즈음** 시도한 표절?!

{pl**a**giarism - 표절}

□ plateau

Plan대로 **토**착왜구들이 하늘 무서운 줄 모르고 사회 각 분야에서 미친 듯이 설치는 것이 가지는 몇 가지 의미는 다음과 같다. 정체 상태를 유지하다, 진보가 멈추다, 안정기, (학습 등의) 정체기, 고원?!

{plat**eau** - 고원(高原)}

□ platitude

Plan대로 **T**팬티는 **Tu**esday에 **드**라마틱하게 착용하는 것이 좋다는 의견이 가지는 몇 가지 의미는 다음과 같다. 평범함, 진부함, 평범한 의견, 진부한 의견?!

{pl**a**titude - 진부한 의견}

□ plato

Playboy's **toe**에서 이데아를 발견한 플라톤?!

{Pl**a**to - 플라톤}

□ plausible

플로리다를 **접을** 수도 있다는 말은 그럴듯한?!

{pl**au**sible - (이유·구실 따위가) 그럴듯한}

□ playwright

Play, **write** and be a playwright?!

{playwright - 극작가}

□ plethora

플레이보이가 **Th**ur**s**day에 **라**면을 18개를 끓여 먹는 것이 가지는 몇 가지 의미는 다음과 같다. 적혈구 과다증, 다혈증, 과잉, 과다?!

{pl**e**th**o**ra - 과다}

□ pneumonia

News에서 **모니**카와 **아**저씨와의 부적절관 관계의 결괴는 폐렴이라고?!

{pneum**o**nia - 폐렴}

□ pogrom

포학함은 **그럼** 무엇인가? 그것은 바로 조직적이고 계획적인 소수 민족 학살?!

{p**o**gr**o**m - (조직적이고 계획적인 소수 민족) 학살}

□ polemic

펄쩍거리는 **레**즈비언이 **믹**서로 게이를 공격한 것에 대한 사람들의 반응이 가지는 몇 가지 의미는 다음과 같다. 논쟁을 좋아하는, 논쟁의, 논쟁, 논박, 격론, 격렬한 비판?!

{pol**e**mic - 격렬한 비판}

□ police

Poodle's **o**vert **l**ie **is** **c**alled **e**ffrontery?!
펄떡거리는 **Lee**와 **s**lut이 주고받은 농담이 지나치게 야해서 수사에 착수한 경찰?!

{pol**i**ce - 경찰}

□ politicize

펄떡거리는 **Lee**의 **T**팬티 **size**가 가지는 몇 가지 의미는 다음과 같다. 정치화하다, 정치적으로 다루다, 정치적 논쟁거리로 삼다?!

{politicize - 정치적 논쟁거리로 삼다}

□ pollination

팔리는 **nation**에서 같이 팔리는 것은 식물의 수분 작용?!
{pollination - 수분 작용}

□ polygamy

Police가 **거미**에게서 찾아낸 것은 일부다처제?!
{polygamy - 일부다처제}

□ polygon

팔리자 **간**까지 팔아버린 다각형?!
{polygon - 다각형}

□ polygraph

팔리는 **graph**보다 더 잘 팔리는 제품은 다음과 같다. 다용도 기록계, 거짓말 탐지기?!
{polygraph - 거짓말 탐지기}

□ polyphony

Police의 **funny**한 개소리, 맘몬에게 영혼을 판 새들의 새소리, 일왕에게 하사받은 자신들의 추악한 기득권을 지키는 것만이 바른 자유이고 미래라고 주장하는 쓰레기 정치꾼들의 헛소리로 이루어진 구역질 나는 다성 음악?!
{polyphony - 다성 음악}

□ ponder

판을 **더** 키울 방법에 대해 숙고하는가?!
{ponder - 숙고하다}

□ pontiff

판 T팬티를 friend에게서 다시 사는 것은 곤란하다고 말한 교황?!

{pontiff - 교황}

□ possession

Person이 제대로 shun하지 않으면 곤란한 것이 가지는 몇 가지 의미는 다음과 같다. 소지, 점유, 속국, 소유물, 소지품, (악마·귀신에게) 홀린 상태, 소유?!

{possession - 소유}

□ poverty

파산으로 버려진 T팬티를 입을 정도로 똥구멍이 찢어지는 가난?!

{poverty - 가난}

□ preach

Prison에 reach한 이제 rock star는 목사로 변신했고 동물원에서 부정부패 혐의로 수감되어 지금은 초라하게 쥐구멍을 찾고 있는 늙은 쥐를 발견하자마자 그에게 연필 한 다스와 종이를 주면서 "쥐 형제여, 호랑이와 사자 방에서 그리고 수백조의 호수에서 훔친 돈이 얼마인지 사람들이 궁금해서 죽기 전에 '회계하라'."면서 설교하는가?!

{preach - 설교하다}

□ precarious

"Prisoners carry us!"라고 말하는 자들의 삶은 위태로우며 불안정한가?!

{precarious - 불안정한}

□ precise

Prison에 쌓이는 스스럼없는 쓰레기들이야말로 적폐란 말은 정확한가?!

{precise - 정확한}

□ precision

__Pri__son의 **씨**암탉은 **전**대미문의 발암물질이란 말은 그야말로 정확?!
{pre**ci**sion - 정확}

□ predator

__Pre__sident가 **더러**운 쥐를 잡기 위해 투입한 고양이는 귀여운 포식자?!
{pr**e**dator - 포식자}

□ predecessor

__Pre__sident의 **더**러운 **sex**를 **써**먹은 이란 국적의 사기꾼이 당년(當年)의 전임자?!
{pr**e**decessor - 전임자}

□ predicament

__Pri__son에서 **Dick**이 **커**밍아웃하자마자 **먼**저 **트**집을 부리던 남자 교도관이 처한 곤경?!
{pre**di**cament - 곤경}

□ prefer

__Pri__son에 **fir**st로 가는 것보다는 **last**로 가는 것을 선호하는가?!
{pref**e**r - 선호하다}

□ pregnancy

__Pre__sident가 **그**렇게 **넌**지시 **씨**암탉을 찾는 것이 가지는 몇 가지 의미는 다음과 같다. 함축성이 있음, 의미심장, 풍부, 임신?!
{pr**e**gnancy - 임신}

□ prejudice

__Pre__sident가 **Judy**를 **스**스럼없이 놀리면 언제든 탄핵을 당할 수 있다는 것은 선입관?!

{pr**ej**udice - 선입관}

□ preliminary

프릴처럼 **Lee**가 **머리**를 **내리**는 것이 가지는 몇 가지 의미는 다음과 같다. 예비 행위, 예선, 준비의, 예비의?!

{prel**i**minary - 예비의}

□ premonition

Prison을 **money**로 **shun**해온 자가 이번에는 힘들 것 같다고 느끼는 불길한 예감?!

{premon**i**tion - (불길한) 예감}

□ presage

President랍시고 **씨**암탉과 **G**새끼가 떼도둑과 함께 사자의 방에서 창조적으로 도둑질을 하느라 화무십일홍의 진리조차 망각한 것이 가지는 몇 가지 의미는 다음과 같다. (보통 불길한 일의) 전조가 되다, 예감, 육감, 전조, 조짐?!

{pr**e**sage - 조짐}

□ presbyopia

President의 **춥이 old pig**들에게 **아**주 인기가 많은 현상이 가지는 몇 가지 의미는 다음과 같다. 원시안, 노안?!

{presby**o**pia - 노안(老眼)}

□ president

People **r**emember **e**phemeral **s**uccess **i**nvolves **d**eception, **e**ffrontery, **n**astiness & **t**error?!
Please **r**emember **e**ternal **s**uccess **i**nvolves **d**evotion, **e**mpathy, **n**obleness & **t**ruth?!

{pr**e**sident - 대통령}

□ prestigious

President는 **스티**로폼에 **졌으**나 여전히 House of Cards의 주인으로서 명망이 높은가?!

{prest**i**gious - 명망이 높은}

□ pretentious

Prison에서 **텐**트를 **쳤으**니 이제 피서를 즐기자고 하는 자가 가지는 몇 가지 의미는 다음과 같다. 뽐내는, 자부하는, 우쭐하는, 가식적인, 허세 부리는?!

{pret**e**ntious - 허세 부리는}

□ prevail

Prison에 **veil**을 벗고 들어가는 것이 가지는 몇 가지 의미는 다음과 같다. 만연하다, 팽배하다, 우세하다, 설득하다, 이기다?!

{prev**ai**l - 이기다}

□ prevalent

President에게 **벌**레들이 **런**던에서 **트**집을 부리면서 근거 없는 자신감으로 충만한 개소리를 단도직입적으로 하는 것이 가지는 몇 가지 의미는 다음과 같다. 널리 행해지는, 유행하고 있는, (특정 시기·장소에) 일반적인?!

{prev**a**lent - (특정 시기·장소에) 일반적인}

□ priest

Prison에 **스트**레이트로 갇혀서 이제 rock star가 부럽지 않을 만큼 유명한 사이비 성직자?!

{priest - 성직자}

□ primate

Pride의 **mate**는 영국국교회 대주교와 영장류?!

{pr**i**mate - 영장류}

□ prioritize

프라이버시와 **ori**gin과 **ties**의 순서로 우선순위를 매기는가?!
{pri**o**ritize - 우선순위를 매기다}

□ pristine

Prison에서 **스**님이 **teen**과 함께 목탁을 치는 것이 가지는 몇 가지 의미는 다음과 같다. 본래의, 원래의, 청결한, 새것 같은, 원시 시대의, 자연 그대로의?!
{pri**s**tine - 자연 그대로의}

□ privilege

특권을 개처럼 누리고 싶다면 **pri**son도 **빌리지**?!
{pri**v**ilege - 특권}

□ privy to

Prison에서 **비**너스는 **투**기에 내밀히 관여하는가?!
{pri**v**y to - 내밀히 관여하는}

□ probe

Pro와 **b**rother의 관계를 탐침(探針)으로 면밀히 조사하는가?!
{probe - 면밀히 조사하다}

□ proceed

프러포즈부터 **seed**를 뿌리기까지의 과정이 가지는 몇 가지 의미는 다음과 같다. (앞으로) 나아가다, 착수하다, (일 따위가) 진행되다, (먼저 다른 일을 한 후에) 계속하다?!
{pro**ee**d - (먼저 다른 일을 한 후에) 계속하다}

□ proceeds

Pro가 **seeds**를 뿌리는 행사가 가지는 몇 가지 의미는 다음과 같다. 매상고, 결과, 수익?!

{proceeds - (물건 판매·행사 등을 통해 얻는) 수익}

□ proclivity

Pro의 **클리**토리스에서 **버티**는 것이 가지는 몇 가지 의미는 다음과 같다. 기질, 성벽, 경향?!

{proclivity - (흔히 좋지 못한) 경향}

□ procrastination

Pro와 **crap**과 **스티**로폼의 **nation**에서는 누구나 해야 할 일을 하지 않고 꾸물거림?!

{procrastination - (해야 할 일을 하지 않고) 꾸물거림}

□ prodigal

프라하에서 **Dick**이 **걸**레들과 그야말로 미친 듯이 놀다가 졸지에 돼지만도 못한 거지가 된 사실이 가지는 몇 가지 의미는 다음과 같다. 낭비자, 방탕아, 금치산자, 방탕한, 낭비하는?!

{prodigal - 낭비하는}

□ produce

프라하에서의 **듀스** 게임에서 이긴 자에게 주어진 농산물?!

{produce - 농산물}

□ profanity

Pro(매춘부)를 **패**면서 **너**저분한 **T**팬티를 벗기고 싶다는 개소리가 가지는 몇 가지 의미는 다음과 같다. 불경, 비속한 말, 신성 모독?!

{profanity - 신성 모독}

□ profiteer

Prophet의 **tear**(눈물)로 가짜 예언자들이 부당 이득을 취하는가?!

{profiteer - 부당 이득을 취하다}

□ profundity

프러시아적인 **fun**은 **더티**함! 하지만 심오함?!
{prof**u**ndity - 심오함}

□ progenitor

Pro와 **Jenny**가 **ter**minal에서 결합한 사실이 가지는 몇 가지 의미는 다음과
같다. 창시자, 원본, 선조, 조상?!
{prog**e**nitor - 조상}

□ progressive

프러시아의 **그** **re**staurant를 **씹으**면 진보적인가?!
{progr**e**ssive - 진보적인}

□ promiscuity

Promise와 **Q**는 **어**디서나 **T**팬티를 벗을 정도로 난잡함?!
{promisc**u**ity - 난잡함}

□ promiscuous

프러시아의 **미스 Q**는 **어스**름한 저녁부터 다음날 새벽까지 **sleep around**할
정도로 성생활이 난잡한가?!
{prom**i**scuous - (성생활이) 난잡한}

□ promulgate

프라하에서의 **멀**미와 **게이**의 **트**림을 널리 알리는가?!
{pr**o**mulgate - 널리 알리다}

□ prone

프론(Pro)는 아마추어와는 달리 납작 엎드린 채 …당하기 쉽고, …하기 쉬운?!
{prone - (좋지 않은 일을) 하기 쉬운}

□ propensity

프러포즈에서조차 **pen**을 **써**서 **T**팬티를 벗기는 변태의 거의 자제할 수 없는 타고난 경향?!

{prop**e**nsity - (거의 자제할 수 없는 타고난 악질적인) 경향}

□ property

프라한 **per**son에게 **T**팬티가 가지는 몇 가지 의미는 다음과 같다. 고유한 성질, 특성, 소유, 재산?!

{pr**o**perty - 재산}

□ prophecy

프라하에서 **퍼**덕거리던 **씨**암탉이 당년(當年)의 미래에 대해 한 예언?!

{pr**o**phecy - 예언}

□ prophesy

프라하는 **퍼**덕거리면서 **쌓이**는 빚으로 엄청나게 누리다가 파산하게 될 당년(當年)의 미래를 예언하는가?!

{pr**o**phesy - 예언하다}

□ prophetic

프러시아의 **페**미니스트는 **tic**에 시달리는 희극적인 정치인과 불륜을 즐기다가 그의 애정이 식자마자 그에게 성폭행을 당했다면서 미친년처럼 투덜거리게 될 것이라는 사실이 가지는 몇 가지 의미는 다음과 같다. 예언의, 예언자의, 예언적인?!

{proph**e**tic - 예언적인}

□ propitious

프러포즈에서 **피**차 **셔**츠를 **스**스럼없이 벗게 되는 것이 가지는 몇 가지 의미는 다음과 같다. (신이) 호의를 가진, 상서로운, 순조로운?!

{prop**i**tious - 순조로운}

□ **proportion**

프러포즈에서 **pork**를 **shun**하는 사람들과 그렇지 않은 사람들의 비율?!

{prop**o**rt**i**on - 비율}

□ **propriety**

프러포즈에서 **pri**de와 **어**머니의 **T**팬티를 선물하는 것이 가지는 몇 가지 의미는 다음과 같다. 예의 바름, 교양, 타당, 적당?!

{propr**i**ety - 적당}

□ **prosaic**

Pro가 **제2**의 **익**명으로 쓴 소설이 가지는 몇 가지 의미는 다음과 같다. 따분한, 지루한, 평범한, 단조로운, 산문적인?!

{pros**a**ic - 산문적인}

□ **prosecute**

프라이드(pride) **씨**암탉이 **cute**한 척하자 기분이 더러워진 양계장 주인이 기소하는가?!

{pr**o**secute - 기소하다}

□ **prosperity**

프라하의 **스**님이 **패러**디처럼 **T**팬티를 입는 것이 가지는 몇 가지 의미는 다음과 같다. 번창, 번성, 번영?!

{prosp**e**rity - 번영}

□ **prostate**

프라하의 **state** police가 마사지한 전립선?!

{pr**o**state - 전립선}

□ **protagonist**

프로에서는 **태거**(tagger)인 **니**체가 **스트**레이트로 주인공?!

{pro**ta**gonist - 주인공}

□ **protein**

Pro와 **teen**의 결합으로 형성된 단백질?!
{pr**o**tein - 단백질}

□ **protest**

Pro처럼 **test**에서 멍청이 둘이 부정행위로써 성적이 수직 상승하자 숙명적으로 학생들이 제기한 항의?!
{pr**o**test - 항의}

□ **protest**

프러포즈에서 **test**를 하자 자신의 무식을 들킨 남자가 항의하는가?!
{prot**e**st - 항의하다}

□ **protestant**

프라하의 **터**미널에서 **스턴트**를 하다가 사고로 사망한 신교도?!
{Pr**o**testant - 신교도}

□ **proton**

Pro가 **탄** 양성자?!
{pr**o**ton - 양성자}

□ **proverb**

프라하에서 **verb**가 가지는 몇 가지 의미는 다음과 같다. 격언, 잠언, 속담?!
{pr**o**verb - 속담}

□ **proverbial**

프러시아의 **법이**나 **얼**간이들이 만들기만 하고 정작 자기들은 전혀 지키지 않는 대단히 한심한 나라의 법이나 오십보백보임은 속담에도 나올 정도로 유명한가?!

{prov**er**bial - 유명한}

☐ **provision**

프러포즈에서 **vision**을 제시하는 것이 가지는 몇 가지 의미는 다음과 같다.
조항, 규정, 식량, 준비, 공급?!
{prov**i**sion - 공급}

☐ **provocation**

프라하에서 **버**러지기 **K**에게 "**Shun** provocation?!"
{provoc**a**tion - 도발}

☐ **prudish**

Princess에게 **루**돌프와 **D**ick이 **쉬**는 시간에 threesome의 정의에 관해
묻자 "그렇게 야한 걸 내가 어떻게 알겠니?"라고 말하는 것이 가지는 몇 가지
의미는 다음과 같다. 지나치게 얌전빼는, 숙녀인 체하는, 얌전한 체하는, 고상한
체하는, (섹스와 관련하여) 내숭 떠는?!
{pr**u**dish - (섹스와 관련하여) 내숭 떠는}

☐ **pseudonym**

'**쑤**셔서 **더**러운 **닙**프'가 필명?!
{ps**eu**donym - 필명}

☐ **ptolemy**

탈의실에서의 **lovemaking**은 **미**친 짓이라고 주장한 2세기경 Alexandria의
천문학자·수학자·지리학자 프톨레마이오스?!
{Pt**o**lemy - 프톨레마이오스}

☐ **puberty**

Pew(길게 나무로 된 교회의 좌석)에 **버티**고 앉아서 신의 아들의 사랑에 대한
설교를 듣고 있기엔 너무나 엄마 친구 아들의 사랑에 목마른 사춘기?!

{p<u>u</u>berty - 사춘기}

□ pungent

Pun 전체가 **트**라우마를 유발할 만큼 장난 아니게 자극적이고 신랄한가?!
{p<u>u</u>ngent - 신랄한}

□ purchase

Person을 **쳤으**므로 이제는 약을 사는가?!
{p<u>u</u>rchase - 사다}

□ purgatory

Person이 **거**리에서 **토**하다가 **리**어카에 치여서 거의 죽게 된 상황이 가지는 몇
가지 의미는 다음과 같다. 지옥 같은 상태, 일시적인 고난, 영혼의 정화, 연옥?!
{p<u>u</u>rgatory - 연옥}

□ puritan

Pew(길게 나무로 된 교회의 좌석)로 **리턴**을 지시한 청교도?!
{P<u>u</u>ritan - 청교도}

□ purloin

Pearl로 **인**어의 마음을 훔치는가?!
{purl<u>o</u>in - 훔치다}

□ pursue

Person은 **쑤**시면서 쾌락을 추구하는가?!
{purs<u>ue</u> - 추구하다}

□ pyre

화장(火葬)을 위해 쌓아 놓은 장작더미 위에 누운 자는 바로 뱀**파이어**?!
{pyre - (화장(火葬)을 위해 쌓아 놓은) 장작더미}

□ quack

꽥꽥대는 오리처럼 TV에 나와서 자신이 명의(名醫)라고 구라를 치지만 사실은 허구한 날 사고를 치는, 하늘 아래 새로울 것도 없는 돌팔이 의사?!

{quack - 돌팔이 의사}

□ quagmire

쾌락을 **그**리워하다가 **My a**mazing Grace가 빠진 질퍽한 수렁?!

{qu**a**gmire - 수렁}

□ qualm

쿠데타에서 **암**살로 끝난 보스를 본받아 또다시 쿠데타를 일으키고 무고한 시민들을 죽인 자가 오랜 세월이 흐른 뒤 반성은커녕 기껏 한다는 소리가 "이거 왜 이래!"라는 것을 볼 때 그에게서 결코 기대할 수 없는 것들은 다음과 같다. (돌연한) 불안, 염려, (돌연한) 현기증, 거리낌, 꺼림칙함, (갑자기) 아찔해짐, 메스꺼움, (행동에 대한) 불안한 마음, 양심의 가책?!

{qualm - 양심의 가책}

□ quandary

코안경이 **더**러운 **Ri**chard! 그냥 안경을 쓰자니 그것 역시 더럽고, 아무 안경도 쓰지 않자니 눈에 뵈는 게 없는 그가 처한 상황은 다음과 같다. 진퇴양난, 곤경?!

{qu**a**ndary - 곤경}

□ quarantine

쿼터백으로 **run**하던 **teen**은 전염병 환자들을 격리하고 검역하는가?!

{qu**a**rantine - 검역하다}

□ quay

Key 모양의 부두?!
{quay - 부두}

□ quibble

퀴즈에서 '**bl**ue와 red'가 아니라 'red와 blue'가 옳다면서 다투는 것이 가지는
몇 가지 의미는 다음과 같다. 익살, 트집, 애매한 말, 구차한 변명, 쓸데없는
반대, 쓸데없는 비판, 모호한 말을 하다, 남의 흠을 찾다, (하찮은 것을 두고)
옥신각신하다?!
{qui**bb**le - (하찮은 것을 두고) 옥신각신하다}

□ quixotic

Quick과도 **싸**우고 **tic**과도 싸우는 자는 공상적인 돈키호테 같은가?!
{quix**o**tic - 돈키호테 같은}

□ rabbi

Rabbit **buy**s a rabbi?!
{r**a**bbi - 랍비}

□ racketeer

Rabbit에게서 **커**다란 **tear**(눈물)를 짜내는 공갈범?!
{racket**ee**r - 공갈범}

□ radiation

Radio와 **A**를 **shun**하는 방사선?!
{rad**ia**tion - 방사선}

□ rampage

Ram이 **page**를 넘기다가 책이 너무 두꺼운 것을 깨닫고 성나서 날뛰기?!

{rampage - (성나서) 날뛰기}

□ rampart

Ram이 **part**-time job으로 쌓은 성벽?!

{rampart - 성벽}

□ ransom

Ran some distance for ransom?!

{ransom - (납치 또는 유괴된 사람에 대한) 몸값}

□ rapport

Rabbit과 **포**르노 배우 사이의 완전한 사육적인 관계가 가지는 몇 가지 의미는 다음과 같다. 일치, 조화, (친밀한·공감적인) 관계?!

{rapport - (친밀한·공감적인) 관계}

□ ravish

Rabbit은 **Victoria**가 **쉬**하는 것을 훔쳐보다가 강간하는가?!

{ravish - 강간하다}

□ real estate

Really? **이** **state** 졸부들의 부의 원천은 하나같이 부동산?!

{real estate - 부동산}

□ realize

Real lies가 진짜 거짓말임을 깨닫고 소망과 계획을 실현하는가?!

{realize - (소망·계획 따위를) 실현하다}

□ realm

<u>Re</u>staurant에서 <u>음</u>식을 먹는 자의 활동·관심·지식 등의 영역?!

{realm - (활동·관심·지식 등의) 영역}

□ rebel

<u>Re</u>staurant를 <u>bl</u>ue가 아니라 red로 칠하는 자가 가지는 몇 가지 의미는 다음과 같다. 저항 세력, 반항아, 반역자?!

{<u>re</u>bel - 반역자}

□ rebel

<u>Ri</u>chard가 <u>벨</u>리댄스를 추자마자 부하들이 들고일어난 것이 가지는 몇 가지 의미는 다음과 같다. 반란을 일으키다, 조화하지 않다, 몹시 싫어하다, 모반하다, 반대하다, 반항하다?!

{<u>re</u>bel - 반항하다}

□ rebellion

<u>Ri</u>chard의 <u>벨</u>리댄스에 <u>언</u>제나 들고일어나는 부하들이 가지는 몇 가지 의미는 다음과 같다. 반항, 저항, 폭동, 반대, 반란?!

{<u>re</u>bellion - 반란}

□ rebuff

<u>Ri</u>chard에게 <u>버</u>러지들이 <u>f</u>riend가 되고 싶다고 했을 때 그가 날린 <u>f</u>uck이 가지는 몇 가지 의미는 다음과 같다. 거절하다, 좌절시키다, 퇴짜 놓다, 거절, 좌절, 퇴짜?!

{<u>re</u>bu<u>ff</u> - 퇴짜}

□ rebuke

<u>Re</u>member <u>beau</u>tiful <u>Ch</u>rist Jesus that Peter began to rebuke? 예루살렘으로 가는 길에서 고난과 죽음을 통한 부활의 길을 가야 한다는 예수와 주님은 절대로 죽으면 안 된다는 베드로가 서로에게 언성을 높인 일이 가지는 몇

가지 의미는 다음과 같다. 비난, 힐책, 비난하다, 꾸짖다?!

{rebuke - 꾸짖다}

□ rebut

Richard는 **벗**어야, 그것도 팬티까지 벗어야 자신의 신도라고 주장하는 음탕한 사이비 목사의 개소리를 주 예수의 이름으로 논박하면서 끽소리 못하게 하는가?!

{rebut - 끽소리 못하게 하다}

□ recalcitrant

Richard가 **Cali**fornia에서 **씨**암탉을 **추**격하면서 **run**하다가 **트**림을 하더니 더 이상 추격하지 않는 것이 가지는 몇 가지 의미는 다음과 같다. 반항자, 고집쟁이, 고집 센, 다루기 힘든, 말을 잘 안 듣는, 반항하는?!

{recalcitrant - 반항하는}

□ recant

Richard가 **cant**(위선적인 말투)를 더 이상 쓰지 않겠다고 선언한 것이 가지는 몇 가지 의미는 다음과 같다. (신앙·주장 등을) 바꾸다, 취소하다, (공식적으로 신념·견해를) 철회하다?!

{recant - (공식적으로 신념·견해를) 철회하다}

□ recede

Richard는 **seed**를 뿌리다가 어쩔 수 없는 사정으로 인해 강렬했던 인상과 기억은 희미해지고 머리털도 벗어져 올라가는 바람에 결국 몸을 빼면서 서서히 물러나는가?!

{recede - 물러나다}

□ receipt

Richard가 **seat**에서 받은 영수증?!

{receipt - 영수증}

□ recess

Richard가 **sex**를 **스**스럼없이 즐기다가 지칠 때 하는 일은 보통 다음과 같다. 법정의 휴정, 의회의 휴회 또는 학교의 휴식 시간처럼 방의 구석진 곳이나 벽의 움푹 들어간 곳에서 쉼?!

{recess - 쉼}

□ recession

Richard가 **sex**를 **shun** 할 정도로 심각한 수준의 일시적인 경기 후퇴?!

{recession - (일시적인) 경기 후퇴}

□ recidivist

Richard의 **씨**암탉은 **더**러운 **비**스킷과 **트**라이앵글까지 훔치다가 마침내 양계장에서 쫓겨난 상습범?!

{recidivist - 상습범}

□ reciprocity

Red가 **쎄**레몽둥이로 **프라**하 **City**에서 Blue와 함께 그 기초를 세운 호혜주의?!

{reciprocity - 호혜주의}

□ reconcile

Restaurant에 **컨**테이너가 **쌓일**수록 손님을 위한 공간이 부족해지자 차라리 컨테이너를 restaurant로 개조하기로 한 결정이 가지는 몇 가지 의미는 다음과 같다. 화해시키다, (어쩔 수 없는 상황을 체념하고) 받아들이다, (두 가지 이상의 생각·요구 등을) 조화시키다?!

{reconcile - (두 가지 이상의 생각·요구 등을) 조화시키다}

□ recondite

Restaurant나 **컨**테이너에서 **다 이**렇게 **트**림하는 이유는 더럽게 난해한가?!

{recondite - 난해한}

□ recruit

Richard는 크리스마스에 **루**돌프와 **tree**를 모집하는가?!
{recr**ui**t - 모집하다}

□ recuperation

Richard의 큐(cue)에 **per**son이 **race**를 **shun**하는 것이 가지는 몇 가지
의미는 다음과 같다. 만회, 회복?!
{recuper**a**tion - (건강의) 회복}

□ redeem

Richard와 **Dick**의 **임**무 완수가 가지는 몇 가지 의미는 다음과 같다. 저당물을
되찾다, 대출금을 상환하다, 죄로부터 구원하다, 실수를 만회하다, 결함을
보완하다?!
{red**ee**m - (결함 등을) 보완하다}

□ redemption

Richard가 **damp**(습기)를 **shun**하는 것이 가지는 몇 가지 의미는 다음과
같다. 되찾음, 상환, 결함을 보완하는 것, (그리스도에 의한) 구원?!
{red**e**mption - (그리스도에 의한) 구원}

□ redound

Richard가 **다운**시킨 **드**라큘라가 가지는 몇 가지 의미는 다음과 같다. (이익·명예
등을) 높이다, (불이익·불명예 등을) 초래하다, …에 이바지하다, (행위 등의 결과가
…에게) 돌아가다?!
{red**ou**nd - (행위 등의 결과가 …에게) 돌아가다}

□ redress

Richard가 **dress**를 입자마자 신부가 그의 새하얀 드레스를 벗겨버린다면
이것이 가지는 몇 가지 의미는 다음과 같다. 교정, 시정, 보상, 배상, 붕대를 다시
감다, 다시 입히다, 교정하다, 시정하다, (손해 따위를) 배상하다, (부당하거나 잘못된

것을) 바로잡다?!

{redr**e**ss - (부당하거나 잘못된 것을) 바로잡다}

□ **redundancy**

Richard가 **던**지자 **던**져진 **씨**암탉이 가지는 몇 가지 의미는 다음과 같다. 과잉, 잉여성, 잉여 인원, 정리 해고, 불필요한 중복?!

{red**u**ndancy - 불필요한 중복}

□ **redundant**

Richard가 **던**지자 **던**져진 **트**라이앵글이 가지는 몇 가지 의미는 다음과 같다. 여분의, 중복되는, 잉여 인원이 된, 정리 해고당한, 불필요?!

{red**u**ndant - 불필요한}

□ **refectory**

Richard의 **factory** 안에 있는 수도원의 식당?!

{ref**e**ctory - (수도원의) 식당}

□ **reformation**

Restaurant's **fur**niture **may shun** reformation?!

{reform**a**tion - 개혁}

□ **refugee**

Restaurant에서의 **fu**ture를 **Je**sus의 은혜로 보장받게 된 난민?!

{refug**ee** - 난민}

□ **regency**

Remember? **전**에 **씨**암탉을 대신하여 쉬리가 했던 섭정 정치?!

{r**e**gency - 섭정 정치}

□ regent

Remember? **전**에 **트**집쟁이를 대신하던 무당이 바로 그 섭정?!

{r**e**g**e**nt - 섭정(攝政)}

□ regime

Richard와 **Jim**이 잡은 정권?!

{r**e**g**i**me - 정권}

□ reincarnation

Richard는 **인**도에서 **카네이션**으로 환생?!

{reinc**a**rn**a**tion - 환생}

□ reinforce

Richard가 **인**어의 **force**를 키워서 더 강력하게 꼬리를 치게 만드는 것이 가지는 몇 가지 의미는 다음과 같다. (구조를) 보강하다, (군대·구성원·장비 등을) 증강하다, 강화하다?!

{reinf**o**rce - 강화하다}

□ rejuvenate

Richard는 **주**를 **버**리고 **nei**ghbor와 **트**러블을 일으키자마자 회춘하는가?!

{rej**u**venate - 회춘하다}

□ rejuvenation

Richard처럼 **주**를 **버**린 **nation**에서는 누구나 회춘?!

{rejuven**a**tion - 회춘}

□ release

Religion을 **lea**ve함으로써 **스**스로를 석방하는가?!

{rel**ea**se - 석방하다}

□ relegate

Relative는 **게이**가 **트**림하자 더러워서 조기 축구회로 강등시키고 좌천시키는가?!

{**rel**egate - 좌천시키다}

□ relieve

Religion을 **leave**하는 것은 위선자들 사이에서 지내야 하는 고통과 부담을 경감하는가?!

{**reli**eve - (고통·부담 따위를) 경감하다}

□ remarkable

Richard가 **Mars**까지 **컵을** 던질 수 있다고 개소리하는 것이 가지는 몇 가지 의미는 다음과 같다. 비범한, 놀랄 만한, 주목할 만한?!

{**rem**arkable - 주목할 만한}

□ remedy

Restaurant에서 **머**저리가 **Dick**과 함께 먹는다는 것이 가지는 몇 가지 의미는 다음과 같다. 고치다, 치료하다, 개선하다, 구제하다, 배상하다, 개선책, 구제책, 배상, 치료?!

{**re**medy - 치료}

□ reminisce

Restaurant에서 **머**저리는 **니스**를 칠하면서 추억에 잠기는가?!

{**remini**sce - 추억에 잠기다}

□ remiss

Richard를 '**미스**'라고 부르는 자는 지나치게 태만한가?!

{**remi**ss - 태만한}

□ remission

Richard가 **mission**을 완수한 사실이 가지는 몇 가지 의미는 다음과 같다.
(죄의) 용서, (지불해야 할 돈의) 감면, (모범수에 대한) 감형, (병의) 차도?!
{rem**i**ssion - (병의) 차도}

□ remit

Richard는 **믿**음으로 부채·세금·형벌 등을 면제하고, 사건을 하급법원으로
환송하며, 병이 차도가 있자 송금하는가?!
{rem**i**t - 송금하다}

□ remittance

Richard가 **미**국에서 **튼**튼한 **스**님에게 한 송금?!
{rem**i**ttance - 송금}

□ remonstrate

Restaurant에서 **먼**지가 **straight**로 날리자 손님들이 항의하는가?!
{r**e**monstrate - 항의하다}
Richard는 **만**주에서 **straight**로 독립군을 죽인 매국노에게 항의하는가?!
{rem**o**nstrate - 항의하다}

□ remorse

Richard에게는 **more sleep**이 필요함에도 불구하고 당장 일어나라고 말한
것이 가지는 몇 가지 의미는 다음과 같다. 양심의 가책, 후회?!
{rem**o**rse - 후회}

□ renegade

Restaurant에서 **니**체가 **게이**와 **드**라마틱한 식사를 하는 바람에 초인(超人)이
졸지에 혼자 식사를 하게 된 상황이 가지는 몇 가지 의미는 다음과 같다.
배반하다, 배반의, 변절한, (과거 자신이 속했던 집단·사회를 떠난) 이탈자, 변절자,
배반자, 이슬람교로 개종한 기독교도, 배교자?!

{renegade - 배교자}

□ **renounce**

Richard의 **나**체에 **운** 스님이 가지는 몇 가지 의미는 다음과 같다. …와의 관계를 끊다, 단념하다, (신조·행위 등을 공식적으로) 버리다, (권리 등을 정식으로) 포기하다?!

{ren**ou**nce - (권리 등을 정식으로) 포기하다}

□ **renunciation**

Richard가 **넌**지시 **씨**암탉과 **A**를 **shun**하는 것이 가지는 몇 가지 의미는 다음과 같다. 금욕, (금욕적인) 극기, 부인, 거절, (신념·생활 방식 등의) 포기?!

{renunci**a**tion - (신념·생활 방식 등의) 포기}

□ **repartee**

Restaurant에서의 **party**가 가지는 몇 가지 의미는 다음과 같다. 재치 있는 말재주, 재치 있는 즉답?!

{repart**ee** - 재치 있는 즉답}

□ **repeal**

Richard는 **필**요 이상으로 사람들을 괴롭히는 악한 법률을 폐지하는가?!

{rep**eal** - (법률을) 폐지하다}

□ **repentance**

Richard의 **pen**을 **턴** 스님이 부처님 앞에서 목탁을 치는 것이 가지는 몇 가지 의미는 다음과 같다. 뉘우침, 후회, 회개?!

{rep**e**ntance - 회개}

□ **repetition**

Restaurant에서 **퍼**런 **T**팬티를 **shun**하자마자 누런 **T**팬티가 눈앞에 나타나는 현상이 가지는 몇 가지 의미는 다음과 같다. 되풀이, 재현, 반복?!

{repetition - 반복}

□ repetitive

<u>Ri</u>chard가 **패러**디를 **팁으**로 주는 것은 반복적인가?!

{rep<u>e</u>titive - 반복적인}

□ reprimand

<u>Re</u>staurant에서 **프러**포즈하던 **man**은 **드**라큘라가 나타나 여자의 피를 빨아먹으려고 하자 질책하는가?!

{<u>re</u>primand - 질책하다}

□ reprocess

<u>Ri</u>chard는 **프라**하의 **se**xpert가 **스**스럼없이 버린 콘돔을 훔치고 심지어 재처리하는가?!

{repr<u>o</u>cess - 재처리하다}

□ reptile

랩(wrap)으로 **타일**(tile)을 포장하는 것이 가지는 몇 가지 의미는 다음과 같다. 비열한, 비열한 인간, 파충류?!

{r<u>e</u>ptile - 파충류}

□ repugnance

<u>Ri</u>chard의 **퍼그**(pug)를 **넌**지시 **스**님이 잡아먹는다면 이것이 가지는 몇 가지 의미는 다음과 같다. 불일치, 모순, 반감, 혐오?!

{rep<u>u</u>gnance - 혐오}

□ repugnant

<u>Ri</u>chard가 **퍼그**(pug)를 **넌**지시 **트**림하면서 잡아먹는다면 이것이 가지는 몇 가지 의미는 다음과 같다. 일치하지 않는, 모순된, 비위에 거슬리는, 불쾌한?!

{rep<u>u</u>gnant - 불쾌한}

☐ repulsive

Richard가 **펼**조개를 **씹으**면서 내는 소리가 가지는 몇 가지 의미는 다음과 같다. 역겨운, 불쾌한, 쌀쌀한, 밀어내는, 반발하는, 혐오스러운?!

{repulsive - 혐오스러운}

☐ rescind

Richard와 **Cind**erella의 비밀스러운 사랑이 왕자에게 가지는 몇 가지 의미는 다음과 같다. (계약) 해지하다, (결정을) 철회하다, (법률을) 폐지하다?!

{rescind - (법률을) 폐지하다}

☐ rescue

Restaurant에서 **큐**피드는 엄마 비너스를 구조하는가?!

{rescue - 구조하다}

☐ resignation

Restaurant들이 **지금 그 nation**에서는 문을 열기가 무섭게 문을 닫는다는 것이 가지는 몇 가지 의미는 다음과 같다. 사직, 사임, 단념, 체념?!

{resignation - 체념}

☐ resilient

Richard는 **질리**도록 **언**제나처럼 **트**집쟁이들의 공격을 받지만 탄력이 있어 곧 원기를 회복하는가?!

{resilient - 곧 원기를 회복하는}

☐ resist

Richard는 **지**나치게 **스트**레스를 유발하는 자들에게 저항하는가?!

{resist - 저항하다}

☐ respire

Richard란 **스파이**는 **어**렵게 호흡하는가?!

{resp<u>i</u>re - 호흡하다}

□ respite

<u>Re</u>staurant에서 **spit**한 자에게 주어진 유예?!
{r<u>es</u>pite - 유예}

□ restive

<u>Res</u>taurant에서 **팁<u>으</u>로** 받은 돈이 적다면서 인상을 쓰는 웨이터가 가지는 몇 가지 의미는 다음과 같다. (말 따위가) 나아가기를 싫어하는, 침착하지 못한, 다루기 힘든, 반항적인?!
{r<u>es</u>tive - 반항적인}

□ result in

<u>Ri</u>chard의 **절**망적인 **트**림은 **인**간들의 구역질을 야기하는가?!
{res<u>u</u>lt in - 야기하다}

□ resurrection

<u>Re</u>staurant에서 **저**능아가 **rec**tangle을 **shun**하자마자 천재로 부활?!
{resurr<u>e</u>ction - 부활}

□ reticence

<u>Re</u>staurant에서 **T**팬티를 **쓴** 스님이 가지는 몇 가지 의미는 다음과 같다. 말수가 적음, (입을) 조심함, 과묵?!
{r<u>e</u>ticence - 과묵}

□ retractile

<u>Ri</u>chard가 **track**에서 **틀**니를 해 박았다는 사실이 가지는 몇 가지 의미는 다음과 같다. 고양이 발톱처럼 쑥 들어가게 할 수 있는, 신축자재의?!
{retr<u>a</u>ctile - 신축자재의}

☐ retreat

Richard는 **tree**에서 **트**림하기 위해 숲으로 후퇴하는가?!
{retreat - 후퇴하다}

☐ retrieve

Richard는 **tree**에서 **브**라를 되찾아 오는가?!
{retrieve - (제자리가 아닌 곳에 있는 것을) 되찾아 오다}

☐ reverberate

River의 **버**드나무가 **ra**cer의 **트**림에 흔들린 일은 아직도 커다란 반향을
불러일으키는가?!
{reverberate - 반향을 불러일으키다}

☐ revert

River에서 **트**림을 하면서 도둑질하던 쥐들을 제거하자 네 큰 강은 아름답던
본래 상태로 되돌아가는가?!
{revert - (본래 상태로) 되돌아가다}

☐ revolve

Richard를 **밟으**면서 그의 son이 공전하는가?!
{revolve - 공전하다}

☐ rhombus

람세스가 **버스**에서 발견한 마름모?!
{rhombus - 마름모}

☐ ribald

Richard는 **벌**거벗은 **드**라큘라처럼 머리부터 발끝까지 상스러운?!
{ribald - 상스러운}

□ ridge

산등성이에서 보이는 **bridge**?!

{ridge - 산등성이}

□ righteous

Right를 **쳤으**니 left까지 마저 치는 것이 과연 도덕적으로 옳은가?!

{righteous - (도덕적으로) 옳은}

□ rigorous

Richard와 **걸어**가는 **스**님의 규칙은 엄격한가?!

{rigorous - (규칙·기준 등이) 엄격한}

□ riot

Right가 **엇**나가자 left가 일으킨 폭동?!

{riot - 폭동}

□ rite

Right rite?!

{rite - 의례(儀禮)}

□ rivet

Richard의 **빛**나는 대머리가 가지는 몇 가지 의미는 다음과 같다. 리벳, 대갈못, 대갈못으로 고정하다, (시선·주의 등을) 고정시키다?!

{rivet - (시선·주의 등을) 고정시키다}

□ robust

Romeo's **bust** is so robust?!

{robust - 튼튼한}

☐ rodent

<u>Ro</u>meo에게 <u>든</u>든하게 <u>트</u>집을 잡아 죽도록 괴롭힌 설치류?!

{<u>ro</u>dent - 설치류}

☐ rue

<u>루</u>돌프가 쉬지 않고 썰매를 끌다가 과로로 쓰러지자 산타가 마음 아파하는 것이 가지는 몇 가지 의미는 다음과 같다. 후회, 회오, 연민, 비탄, 슬퍼하다, 후회하다?!

{rue - 후회하다}

☐ ruin

<u>루</u>돌프는 <u>인</u>도에서 산타와 페라리를 타다가 급발진으로 인해 평화롭게 먹이를 먹던 비둘기들의 신세를 망치고 파멸시키는가?!

{<u>ru</u>in - 파멸시키다}

☐ rumination

<u>루머</u>가 **nation**을 뒤덮을 때 가짜 뉴스에 휘둘리지 않는 자들이 가지는 몇 가지 의미는 다음과 같다. 반추, 묵상, 심사숙고?!

{rumin<u>a</u>tion - 심사숙고}

☐ rummage

<u>Ru</u>ssia에서는 <u>미지</u>급 사태를 유발한 기업주의 경우 푸틴이 보는 데서 제대로 뒤지는가?!

{<u>ru</u>mmage - 뒤지다}

☐ rut

<u>Ru</u>ssia에서 <u>트</u>로이카를 타고 다닌다는 것이 가지는 몇 가지 의미는 다음과 같다. 부드러운 땅에 생긴 바퀴 자국 그리고 틀에 박힌 생활?!

{rut - 틀에 박힌 생활}

□ **sable**

<u>Say bl</u>ue and you will be a sable?!

{sable - 검은담비}

□ **sadducee**

<u>Sa</u>turday에는 **주**로 **씨**암탉을 즐겨 먹는 물질주의자?!

{sadducee - 물질주의자}

□ **saga**

싸가지 없는 금수(禽獸) 저들의 가소로운 갑질과 관련된 일련의 사건을 다룬
대하소설?!

{saga - 대하소설(大河小說)}

□ **sagacious**

써레몽둥이로 **gay**가 **셔**츠를 **스**르르 벗게 만들면 현명한가?!

{sagacious - 현명한}

□ **sage**

<u>Say G</u> and you will be a sage?!

{sage - 현인}

□ **salacious**

썰렁한 **레이**디가 **셔**츠를 **스**스럼없이 벗고 팬티마저 벗으니 이 얼마나
외설스러운가?!

{salacious - 외설스러운}

□ salient

Sailor가 **리**무진에서 **언**제나 **트**림하는 것이 가지는 몇 가지 의미는 다음과 같다. 가장 두드러진, 가장 중요한, 핵심적인, 분출하는, 돌출한, 현저한?!
{**sal**ient - 현저한}

□ salmon

Saturday와 **Mon**day에는 언제나 연어?!
{**sal**mon - 연어}

□ salubrious

쎌렁한 **루**시퍼가 **bri**dge에서 **어스**름한 저녁에 뛰어내린다면 그곳이 가지는 몇 가지 의미는 다음과 같다. 상쾌한, (특히 정신적으로) 유익한, (기후·토지·장소 따위가) 건강에 좋은?!
{**sal**ubrious - (기후·토지 따위가) 건강에 좋은}

□ salvage

Salary로는 **빚이** 줄어들지 않자 대안으로 blue ocean에서 침몰한 보물선을 인양하는가?!
{**sal**vage - 인양하다}

□ samaritan

써레몽둥이로 **매**니저와 **러**시아인의 **튼**튼한 몸을 가격한 그다지 선하지 않은 사마리아인?!
{**Sam**aritan - 사마리아인}

□ sanctimony

쌩글거리면서 **크**리스마스마다 **터**놓고 **모니**카(Monica)는 독실한 체함?!
{**sa**nctimony - 독실한 체함}

□ sanction

쌩글거리면서 **크리스마스**를 **shun**하는 것이 가지는 몇 가지 의미는 다음과 같다. 제재를 가하다, 허가하다, 재가하다, 재가(裁可), 제재?!

{sanction - 제재}

□ sanguine

쌩쌩한 **귀인**은 혈색이 좋고 낙관적인가?!

{sanguine - 낙관적인}

□ sanity

Sexy한 **너**의 **T**팬티로 인해 잃어버린 제정신?!

{sanity - 제정신}

□ sarcastic

싸자마자 **cat**이 **stick**으로 응가를 치우는 것이 가지는 몇 가지 의미는 다음과 같다. 신랄한, 비꼬는, 빈정거리는?!

{sarcastic - 빈정거리는}

□ sarcophagus

싸구려 **car**에서 **퍼**마시다가 **거스**를 수 없는 힘에 의해 들어간 곳은 바로 석관?!

{sarcophagus - 석관}

□ sardonic

싸다가 **Nick**이 갑자기 휴지가 없다고 하자 밖에 있던 친구가 알아서 하라고 대답하는 것이 가지는 몇 가지 의미는 다음과 같다. 비웃는, 빈정대는, 냉소적인?!

{sardonic - 냉소적인}

□ satan

Say를 **튼**튼하게 발음하는 사탄?!

{Satan - 사탄}

□ satanic

Subway에서 **태**연스럽게 **Nick**은 방화를 저질러서 수많은 사람을 죽게 만들었으니 그의 범죄가 가지는 몇 가지 의미는 다음과 같다. 악마 같은, 악마의, 마왕의, 사탄의?!

{sat**a**nic - 사탄의}

□ satiate

Say, "**She ate**!"and then satiate?!

{s**a**tiate - (식욕·성욕 등을) 실컷 만족시키다}

□ satire

Saturday에 **tire**가 터진 자에 대한 풍자?!

{s**a**tire - 풍자}

□ savage

Sexy한 **Victoria**를 **지**위를 이용해 상습적으로 성폭행한 쓰레기가 가지는 몇 가지 의미는 다음과 같다. 잔인하게 다루다, 폭력을 휘두르다, (성난 개 따위가 심한 상처를 입히며 무참히) 공격하다, 잔인한 사람, 야만인, 미개인, 잔인한, 야만적인?!

{s**a**vage - 야만적인}

□ savant

Saturday마다 **반**드시 **트**라이앵글을 치는 자가 가지는 몇 가지 의미는 다음과 같다. 석학, 학자?!

{sav**a**nt - 학자}

□ scald

스님이 **콜**걸과의 **드**라마틱한 결합으로 성불하는 것이 가지는 몇 가지 의미는 다음과 같다. (끓는 물·김으로) 데게 하다, 데치다, (끓는 물·김에 의한) 데인 상처?!

{scald - (끓는 물·김에 의한) 데인 상처}

□ scant

스님에게 "**Can't** you?"라고 묻자 "No, I can't!"라고 답하는 것이 가지는 몇 가지 의미는 다음과 같다. 불충분한, 부족한, 인색한, 몹시 아끼다, 인색하게 굴다?!

{scant - 인색하게 굴다}

□ scapegoat

스케이트로 **프**러시아에서 **고**독한 **t**rip을 즐긴 후에 죽임을 당한 희생양?!

{sc**a**pegoat - 희생양}

□ scar

스님이 **car**를 칼로 긁는 것이 가지는 몇 가지 의미는 다음과 같다. 상처를 남기다, (대중적인) 이미지를 손상시키는 것, 낭떠러지, 상처, 상흔, 흉터?!

{scar - 흉터}

□ scarcity

스님이 **care**하는 **city**에서 고기가 가지는 몇 가지 의미는 다음과 같다. 결핍, 부족?!

{sc**ar**city - 부족}

□ scatter

스님이 **cat**을 **ter**minal에서 버린 사실이 가지는 몇 가지 의미는 다음과 같다. (빛의) 산란, 흩뿌리기, 쫓아버리다, 흩뿌리다?!

{sc**a**tter - 흩뿌리다}

□ scavenger

스님과 **Kevin**, **저** 둘은 썩은 고기를 먹는 동물처럼 먹을 것 등을 찾아 쓰레기 더미를 뒤지는 사람?!

{sc**a**venger - (먹을 것 등을 찾아) 쓰레기 더미를 뒤지는 사람/동물}

□ schizophrenia

스키장에서 **저**렇게 **free**한 **니**체는 **아**마 정신 분열증?!

(schizophr<u>e</u>nia - 정신 분열증)

□ schizophrenic

스키장을 **저**주하는 **frie**nd **Nick**은 정신 분열증 환자?!

(schizophr<u>e</u>nic - 정신 분열증 환자)

□ scion

Scientific scion?!

(sc<u>i</u>on - (명문가의) 자손)

□ scorn

스님은 **corn**을 경멸하는가?!

(scorn - 경멸하다)

□ scourge

스님의 **커지**는 물건이 가지는 몇 가지 의미는 다음과 같다. 재앙, 채찍, 골칫거리, 괴롭히다, 채찍질하다?!

(scourge - 채찍질하다)

□ scrupulous

스크루지가 **퓰**리처상과 **lovemaking**을 **스**스럼없이 즐긴다는 사실이 가지는 몇 가지 의미는 다음과 같다. 세심한, 꼼꼼한, 빈틈없는, 양심적인?!

(scr<u>u</u>pulous - 양심적인)

□ scythe

Psycho가 **드**라큘라와의 싸움에서 휘두른 큰 낫?!

(scythe - 큰 낫)

□ second-guess

Second라고 **guess**했다가 틀리자 나중에 비판하는가?!

{second-guess - 나중에 비판하다}

□ secretion

씨암탉이 **크리**스마스를 **shun**하는 것이 가지는 몇 가지 의미는 다음과 같다.
숨김, 은닉, 분비물, 분비?!

{secretion - 분비}

□ sedentary

Sex에서도 **든**든한 **Terry**는 모든 일을 주로 앉아서 하는가?!

{sedentary - 주로 앉아서 하는}

□ seek

Sea처럼 **Christ**는 넓고 깊기 때문에 많은 사람이 그에게서 진리를 찾고 그를
통해 정의를 추구하는가?!

{seek - 추구하다}

□ segregation

Sexy한 **그리스 게이**를 **shun**하는 것이 가지는 몇 가지 의미는 다음과 같다.
차별 대우, 차단, 격리, (인종·종교·성별에 따른) 분리?!

{segregation - (인종·종교·성별에 따른) 분리}

□ seismic

Size와 **믹**서 사이가 벌어진 현상이 가지는 몇 가지 의미는 다음과 같다.
(영향·규모가) 엄청난, 지진에 의한, 지진의?!

{seismic - 지진의}

□ semen

Sea보다 **먼** 정액?!

{s<u>e</u>men - 정액}

□ **senility**

<u>Sin</u>일지라도 <u>lover</u>의 <u>T</u>팬티에 대한 집착을 버리지 못하는 것이 가지는 몇 가지 의미는 다음과 같다. 노망, 노령, 노쇠?!
{sen<u>i</u>lity - 노쇠}

□ **septicemia**

<u>Sap</u>(멍청이)에게 <u>터</u>진 <u>씨</u>암탉이 <u>미아</u>에게 옮긴 패혈증?!
{septic<u>e</u>mia - 패혈증}

□ **sepulcher**

<u>Sexy</u>하게 <u>펄</u>떡거리면서 <u>커</u>지는 전(全) 무덤?!
{s<u>e</u>pulcher - 무덤}

□ **sequester**

<u>씨</u>암탉은 <u>ques</u>tion을 <u>ter</u>minal에 격리하는가?!
{sequ<u>e</u>ster - 격리하다}

□ **serendipitous**

<u>Se</u>xy하게 <u>run</u>하여 <u>deepe</u>r 터에서 <u>스</u>님이 마신 물이 담겨 있던 해골바가지로 인한 깨달음은 그야말로 뜻밖에 얻어진 것인가?!
{serend<u>i</u>pitous - 뜻밖에 얻어진}

□ **serendipity**

<u>Se</u>xy하게 <u>run</u>하다가 <u>Di</u>ck의 <u>퍼</u>런 <u>T</u>팬티를 발견한 것은 그야말로 운 좋게 발견한 것?!
{serend<u>i</u>pity - 운 좋게 발견한 것}

□ serene

써레몽둥이와 **린**스를 가진 자는 침착하고 고요한가?!

{ser**e**ne - 고요한}

□ serenity

써레몽둥이로 **너**의 **T**팬티를 벗길 때의 침착함과 고요함?!

{ser**e**nity - (자연·바다·하늘 등의) 고요함}

□ serf

Surfing으로써 탈출한 농노?!

{serf - 농노}

□ sever

Se**x**pert는 **벼**러지들의 물건을 과감하게 절단하는가?!

{s**e**ver - 절단하다}

□ sewage

Sue가 **이**렇게 **지**랄하다가 뒤집어쓴 것이 가지는 몇 가지 의미는 다음과 같다. 오물, 오수(汚水), 하수?!

{s**ew**age - 하수}

□ sexennial

Sex를 s**e**xy한 **니**체는 **얼**마나 초인적으로 할 수 있는가? 6년에 한 번? 6년간 계속되는가?! 6년마다의 행사? 6년제?!

{sex**e**nnial - 6년제}

□ sextant

섹스(sex)와 **스턴트**(stunt)를 즐기면서도 각도와 거리를 정확하게 잴 수 있게 해주는 광학 기계는 바로 육분의?!

{s**e**xtant - 육분의(六分儀)}

□ shabby

Chef의 **비**싼 옷은 허름한가?!

{shabby - (건물·옷·물건 등이) 허름한}

□ shallow

Shall로 시작되는 문장이 가지는 몇 가지 의미는 다음과 같다. 피상적인, 천박한, 얄팍한, 얕은?!

{shallow - 얕은}

□ shatter

Chef는 **ter**minal을 산산이 부수는가?!

{shatter - 산산이 부수다}

□ sheer

쉬어도 쉬는 것 같지 않은 것처럼 피곤은 순전한가?!

{sheer - 순전한}

□ shibboleth

쉬파리가 **벌레**들을 **th**reesome으로 유혹하면서 [ʃ] 발음을 할 수 있는지 없는지를 시험해 보는 말?!

{shibboleth - ([ʃ] 발음을 할 수 있는지 없는지를) 시험해 보는 말 《사사기 12:6》}

□ shocking

샤먼이 **king** 행세를 했으니 이 얼마나 충격적인가?!

{shocking - 충격적인}

□ short-lived

Short lived a long life, which was short-lived?!

{short-lived - 오래가지 못하는}

251

□ shudder

셔츠가 **더**러워서 전율하는가?!

{sh**u**dder - 전율하다}

□ sibling

Sip을 **링**거액으로 하는 형제?!

{s**i**bling - 형제}

□ sickle

씨암탉이 **class**에서 휘두른 낫?!

{sickle - 낫}

□ sigh

쌓이는 빚 때문에 한숨 쉬는가?!

{sigh - 한숨 쉬다}

□ simile

씨암탉처럼 **멀리** 떠난 이가 큰집에서 발견한 직유?!

{s**i**mile - 직유}

□ simplicity

Simply city should be simplicity?!

{simpl**i**city - 단순함}

□ singularity

Singer의 **귤**이 **Larry**의 **Ru**ssian **T**팬티 안으로 감쪽같이 빨려 들어가자 다수의 과학자가 저 에로틱한 사건의 T평선 안쪽에 분명히 존재한다고 예측한 블랙홀의 특이점?!

{singul**a**rity - 특이점}

□ skate

스케이트를 즐기는 홍어?!

{skate - 홍어}

□ skeptical

스님은 캡틴(captain)의 T팬티 컬러에 대해 회의적인가?!

{skeptical - 회의적인}

□ skirmish

Skirt와 miniskirt가 쉬지 않고 벌이는 소규모 접전?!

{skirmish - 소규모 접전}

□ skull

스님이 컬링을 즐긴다는 것이 가지는 몇 가지 의미는 다음과 같다. 머리를 때리다, 머리, 두뇌, 인텔리, 일류 인물, 두개골?!

{skull - 두개골}

□ slaughter

슬로모션으로 터미네이터가 불 속에서 걸어 나오는 것이 가지는 몇 가지 의미는 다음과 같다. 도살, 살육, (특히 전쟁 등에 의한) 대량 학살, (전쟁 따위로) 대량 학살하다, 도살하다?!

{slaughter - 도살하다}

□ slumber

슬럼프의 버러지가 가지는 몇 가지 의미는 다음과 같다. 잠, 침체, 무기력 상태, 잠을 자다?!

{slumber - 잠을 자다}

□ slut

슬프게도 lovemaking에서도 트림하는 매춘부?!

〔slut - 매춘부〕

□ **smear**

Smith는 **어**머니의 몸에 기름을 바르고 뇌물을 주면서 그녀의 명성을 더럽히는가?!

〔smear - (남의 명성을) 더럽히다〕

□ **smother**

스스럼없는 **mother**는 아이들을 베개로 질식시키는가?!

〔sm**o**ther - 질식시키다〕

□ **smug**

스승은 **먹으**라는 약은 안 먹고 오히려 독약을 마시고 죽어 가면서 잘난 체하는가?!

〔smug - 잘난 체하는〕

□ **smuggle**

스님은 **먹을** 게 없어 고기를 밀수하는가?!

〔sm**u**ggle - 밀수하다〕

□ **snag**

스님이 **내**달리다가 **그**렇게 자빠졌다면 이것이 가지는 몇 가지 의미는 다음과 같다. 난관, 암초, 소시지, 뻐드렁니, 꺾어진 가지, (걸리면 베이거나 할 수 있는) 날카로운 것, 뜻하지 않은 장애?!

〔snag - 뜻하지 않은 장애〕

□ **snub**

스스럼없는 **너**구리는 **b**rother가 끓인 라면을 무시하는가?!

〔snub - 무시하다〕

□ sobriquet

So 'Bri**dge K**' is somebody's sobriquet?!

{s**o**briquet - 별명}

□ socialize

Social lies(사회적인 거짓말들)로 사회화하는가?!

{s**o**cialize - 사회화하다}

□ sodomy

싸더니, **미**치도록 싸더니 결국 남색?!

{s**o**domy - 남색(男色)}

□ soggy

흠뻑 젖어도, 질척거려도, 기운이 없어도, 쌀 것은 **싸기**?!

{s**o**ggy - 흠뻑 젖은}

□ sojourn

So-called **전**두엽이 대뇌 반구의 앞부분이 아니라 비싼 골프장에서 발견된 사실이 가지는 몇 가지 의미는 다음과 같다. 체류, 체류하다, 머무르다?!

{s**o**journ - 머무르다}

□ solemn

쌀밥을 **럼**주에 말아 먹는 자의 말과 행동은 엄숙한가?!

{s**o**lemn - 엄숙한}

□ solemnity

설렘으로 **너**의 **T**팬티를 벗기는 지금 이 순간 너무나 엄숙함?!

{sol**e**mnity - 엄숙함}

□ **soliloquy**

"**썰릴**까?"**Lover**가 **퀴**즈를 풀면서 한 독백?!

{sol**i**loquy - 독백}

□ **somber**

쌈닭과 **버**러지들의 앙상블이 가지는 몇 가지 의미는 다음과 같다. (빛깔이) 칙칙한, 침울한, 음침한, 우울한?!

{s**o**mber - 우울한}

□ **soothe**

쑤시다가 **드**라마틱하게 쑤시는 속도를 줄이는 것이 가지는 몇 가지 의미는 다음과 같다. (고통 따위를) 완화시키다, 진정시키다, 달래다?!

{soothe - 달래다}

□ **sophisticated**

써레몽둥이의 **Phil**ip, **stic**k의 **Katy**, **드**라큘라의 이빨! 이렇게 각자의 기계·기술 따위가 정교하고 수준 높으며 세련된 것인가?!

{soph**i**sticated - 세련된}

□ **sophistry**

싸고 **피**차 **stri**p하면서 자기가 싸는 것은 매화요, 자기의 strip은 art라는 궤변?!

{s**o**phistry - 궤변}

□ **sovereignty**

싸움닭이 **brun**ch와 **T**팬티를 받고 팔아넘긴 주권?!

{s**o**vereignty - 주권}

□ **span**

스님의 **팬**티가 가지는 몇 가지 의미는 다음과 같다. 폭, 범위, 한 뼘, 짧은 거리,

다리·건물 따위에서 기둥과 기둥 사이의 거리, 비행기의 한쪽 날개 끝에서 다른 한쪽 날개 끝까지의 길이, (어떤 일이 지속되는) 기간?!

{span - (어떤 일이 지속되는) 기간}

□ specialize

Special lies를 전문적으로 다루는가?!

{specialize - 전문적으로 다루다}

□ specific

스스럼없이 **피**곤한 **씨**암탉의 **fic**tion은 창조적이라고 할 만큼 구체적인가?!

{specific - 구체적인}

□ specification

Special하게 **씹히**는 **Ka**te가 **shun**하는 명세서?!

{specification - 명세서}

□ speculation

스페인의 **큘**렉스모기처럼 **la**dy가 **shun**하지 않는 것은 바로 부동산 투기와 추측?!

{speculation - 추측}

□ sperm

스님이 **perm**을 하자마자 배출된 정액?!

{sperm - 정액}

□ sphincter

스핑크스의 **터**진 괄약근?!

{sphincter - 괄약근}

☐ **spinster**

Spin으로 **스**페인의 **ter**minal에서 주목을 받은 실 잣는 여자는 독신녀?!

{sp**i**nster - 독신녀}

☐ **spontaneous**

스스럼없는 **판**사가 **테이**블에서 **니**체에게 **어스**름한 저녁에 한 말은 자발적인가?!

{sp**o**nt**a**neous - 자발적인}

☐ **sprain**

스프린터는 **rain** 속에서 달리다가 발목을 삐는가?!

{sprain - 삐다}

☐ **spurious**

스님과 **퓨**마와 **Ri**chard가 **어스**름한 저녁에 함께 본 뉴스가 가지는 몇 가지 의미는 다음과 같다. 비논리적인, 그럴싸한, 사생아의, 가짜의?!

{sp**u**rious - 가짜의}

☐ **sputum**

스스럼없이 **퓨**마가 **텀**블러에 뱉은 가래?!

{sp**u**tum - 가래}

☐ **starch**

Star와 **ch**icken의 결합이 가지는 몇 가지 의미는 다음과 같다. 딱딱함, 정력, 녹말?!

{starch - 녹말}

☐ **startle**

Star의 **틀**니는 팬들을 깜짝 놀라게 하는가?!

{startle - 깜짝 놀라게 하다}

□ status

스스럼없는 **테러**리스트가 **스**님의 도움으로 부여받은 난민 신분?!

{st**a**tus - 신분}

□ stenographer

스터디에서 **나**체로 **그러**다가 **퍼**마신 속기사?!

{sten**o**grapher - 속기사}

□ stepmother

Step은 **mother**가 가르쳐야 한다고 주장하는 계모?!

{st**e**pmother - 계모}

□ stereotype

스스로를 **테리어 type**의 개라고 믿으면서 짖는 자가 가지는 몇 가지 의미는 다음과 같다. 고정 관념을 형성하다, 정형화하다, 판에 박힌 문구, 정형화된 생각, 고정 관념?!

{st**e**reotype - 고정 관념}

□ stigma

스틱으로 **마**구 찍는 것이 가지는 몇 가지 의미는 다음과 같다. 암술머리, 반점, 성흔(聖痕), (노예나 죄수에게 찍던) 낙인, 치욕, 오명?!

{st**i**gma - 오명}

□ stoic

스님은 **토익**(TOEIC) 만점에 대한 욕망을 억제하는 스토아학파 철학자 혹은 금욕주의자?!

{st**oi**c - 금욕주의자}

□ stomach

스터디도 **먹**고 살기 위한 것임을 본능적으로 아는 위?!

{st**o**mach - 위}

□ **strabismus**

스트리퍼, **러**시아 **비즈**니스맨, **머**저리, **스**님이 공유하는 것은 바로 사시?!

{strab**i**smus - 사시(斜視)}

□ **strew**

스트리퍼가 **room**에서 스트립쇼를 하는 것이 가지는 몇 가지 의미는 다음과 같다. (소문 등을) 퍼뜨리다, (모래·꽃 따위를) 흩뿌리디?!

{strew - (모래·꽃 따위를) 흩뿌리다}

□ **strident**

스트라이커의 **튼**튼한 **트**림 소리는 더럽게 귀에 거슬리는가?!

{str**i**dent - 귀에 거슬리는}

□ **strut**

스트리퍼와 **R**ussia에서 **트**로이카를 함께 타고 다니는 자가 가지는 몇 가지 의미는 다음과 같다. 과시, 자만, 점잔뺀 걸음걸이, 과시하다, (공작새 등이) 뽐내며 걷다, 거들먹거리며 걷다?!

{strut - 거들먹거리며 걷다}

□ **stuff**

스님이 **터프**(tough)하게 목탁을 치는 것이 가지는 몇 가지 의미는 다음과 같다. 것, 물건, 재료, 재능, (성적 대상으로서의) 젊은 여자, (동물을) 박제로 만들다, 잔뜩 먹이다, 쑤셔 넣다, 채워 넣다?!

{stuff - 채워 넣다}

□ **stumble**

스님은 **텀블**러를 우연히 발견하자마자 말을 더듬으며 비틀거리다가 걸려 넘어지는가?!

{stumble - 걸려 넘어지다}

□ stunt

스턴트맨은 연기자의 발육을 방해하는가?!

{stunt - 발육을 방해하다}

□ stupor

Student인지 **per**son인지 제대로 알 수 없는 경우가 가지는 몇 가지 의미는 다음과 같다. 혼미, 무감각, 인사불성?!

{stupor - (술·약물·충격으로 인한) 인사불성}

□ sturgeon

스님에게 **터**져서 **전**치 3주의 부상을 입었다는 개소리를 하다가 결국 수갑을 차게 된 철갑상어?!

{sturgeon - 철갑상어}

□ subdue

Subway에서 **dew**를 참으로 마시고 행패를 부리는 주정뱅이가 있다는 신고를 받고 출동한 경찰이 가지는 몇 가지 의미는 다음과 같다. (목소리 따위를) 낮추다, (분노 따위를) 억제하다, (반란 따위를) 진압하다, (빛깔 따위를) 차분하게 하다, (적·나라 등을) 정복하다?!

{subdue - 정복하다}

□ subjugate

Subway에서 **주**님은 **게이**의 **트**림조차 사랑으로 정복하는가?!

{subjugate - 정복하다}

□ submissive

Subway에서 **미**친개를 **씹으**니 이제 그 개는 순종적인가?!

{submissive - 순종적인}

☐ subpoena

써레몽둥이로 **피나**게 때린 자를 이제야 소환하는가?!

{subp**oe**na - 소환하다}

☐ subservient

Subway **servi**ce에 **언**제나 **트**집을 부리는 자들도 강자 앞에서는 비굴한가?!

{subs**e**rvient - 비굴한}

☐ subside

Subway의 **side**에서 폭풍이 잠잠해지자 땅이 꺼지고 건물이 내려앉고 홍수로 불어났던 물이 빠지면서 통증이 가라앉는가?!

{subs**i**de - 가라앉다}

☐ subsidy

Subway부터 **CD**까지 모든 항목에 지원되는 보조금?!

{s**u**bsidy - 보조금}

☐ subtle

Subway에서 **틀**니가 빠지는 것은 딱하고도 미묘한가?!

{s**u**btle - 미묘한}

☐ subversive

Subway에서 **verb**를 **씹**으면 체제 전복적인가?!

{subv**e**rsive - 체제 전복적인}

☐ succession

Suck과 **sex**를 **shun**하는 금욕적인 연속과 계승?!

{succ**e**ssion - 계승}

successor

Suck을 **sex**에 **써**먹는 자가 가지는 몇 가지 의미는 다음과 같다. 상속자, 계승자, 후임자, 후계자?!

{succ**e**ssor - 후계자}

succinct

썩은 **sink**에서의 **트**림은 간결한가?!

{succ**i**nct - 간결한}

succubus

Suck하던 **큐**피드가 **버스**에서 잠이 들자마자 나체로 찾아온 그녀가 가지는 몇 가지 의미는 다음과 같다. 매춘부, 악령, (잠자는 남자와 정을 통한다는) 마녀?!

{s**u**ccubus - (잠자는 남자와 정을 통한다는) 마녀}

succulent

Suck하는 **큘**렉스모기가 **런**던에서 **트**림하는 것이 가지는 몇 가지 의미는 다음과 같다. 흥미진진한, 즙이 많은?!

{s**u**cculent - 즙이 많은}

succumb

Suck하자 **cum**하게 된 딱한 사정이 가지는 몇 가지 의미는 다음과 같다. 지다, 죽다, 굴복하다?!

{succ**u**mb - 굴복하다}

suffer

써레몽둥이로 **퍼**스트레이디가 대통령을 때리자 그는 모욕과 패배를 당하고 고통받는가?!

{s**u**ffer - 고통받다}

□ suicide

<u>S</u>o <u>u</u>nthinkable <u>I</u> <u>c</u>all <u>it</u> <u>d</u>isguised <u>e</u>nigma?!

쑤시는 **어**둠의 **side**에서 지친 자는 결국 자살?!

{su<u>i</u>cide - 자살}

□ sulfur

썰렁한 **fur**niture에서 발견된 황?!

{su<u>l</u>fur - 황}

□ sullen

썰렁한 **런**던에서는 누구나 부루퉁한가?!

{su<u>l</u>len - 부루퉁한}

□ sully

썰리지 않는 떡을 검으로 썰다가 결국 검이 부러지는 것이 가지는 몇 가지 의미는 다음과 같다. 망쳐 놓다, (가치·명예 따위를) 훼손하다, 더럽히다?!

{su<u>l</u>ly - 더럽히다}

□ summit

Summer **밑**에 위치한 정상?!

{su<u>m</u>mit - 정상}

□ sundry

Sun들이 가득한 우주가 가지는 몇 가지 의미는 다음과 같다. 여러 가지의, 잡다한?!

{su<u>n</u>dry - 잡다한}

□ supercede

Super seed로 다른 씨들을 대체하는가?!

{superc<u>e</u>de - 대체하다}

□ supercilious

Superman은 **silly**하고 **어스**름한 저녁엔 특히 거만한가?!

{super**ci**lious - 거만한}

□ superfluous

Superman이 **flu**로 **어스**름한 저녁부터 고열에 시달리기 시작했다는 사실이 가지는 몇 가지 의미는 다음과 같다. 남는, 여분의, 과잉의, 불필요한?!

{sup**e**rfluous - 불필요한}

□ superior

쑤시고 **피**곤해도 **rear** car(리어카)를 끄는 자가 가지는 몇 가지 의미는 다음과 같다. 상관, 뛰어난 사람, 거만한, 우월한, 우수한?!

{sup**e**rior - 우수한}

□ superlative

쑤시자 **펄**쩍거리는 **lo**ver에게 **팁으**로 찔러준 물건은 최상급?!

{sup**e**rlative - 최상급}

□ superstition

Superman이 **스티**브를 **shun**하면 job을 구할 수 있다고 믿는 것은 미신?!

{super**sti**tion - 미신}

□ supine

Superman은 **파인** 옷을 입고 등을 바닥에 대고 반듯이 누운 채 무기력한가?!

{sup**i**ne - 무기력한}

□ supple

Supply something supple?!

{s**u**pple - 유연한}

□ supremacy

Subway에서 **pre**sident가 **머**저리 **씨**암탉을 쫓아낸 사건이 가지는 몇 가지 의미는 다음과 같다. 지상권(至上權), 우위, 우월, 지고(至高), 패권, 주권?!

{sup**re**macy - 주권}

□ surly

썰리지 않는 고기를 썰고 있는 자가 가지는 몇 가지 의미는 다음과 같다. 무례한, 험악한, 불친절한, 무뚝뚝한?!

{s**ur**ly - 무뚝뚝한}

□ surreal

써서 **real**인 것은 초현실적인가?!

{surr**ea**l - 초현실적인}

□ surreptitious

Subway에서 **rub**하면서 **T**팬티와 **셔**츠를 **스**스럼없이 벗는 자는 은밀하고 뒤가 구린가?!

{surrept**iti**ous - 뒤가 구린}

□ surrogate mother

썰어진 **깃**털을 **mother**에게서 받고 대신 아기를 낳아 준 대리모?!

{s**ur**rogate mother - 대리모}

□ suture

쑤시고 **chur**ch에서 상처를 봉합하는가?!

{s**ut**ure - 봉합하다}

□ swine

스님이 **wine**과 함께 먹기 위해 잡은 돼지?!

{swine - 돼지}

□ sword

Sorry하게도 **드**라큘라의 목을 벤 검?!
{sword - 검}

□ sycamore

C cup으로 **more**를 원하는 무화과?!
{**sy**camore - 무화과}

□ sycophantic

C cup의 **fan**은 **tic**이 있긴 하지만 더 큰 cup의 소유자에게 아첨하는가?!
{**sy**coph**a**ntic - 아첨하는}

□ syllogism

Silly **lo**ver들은 **짖음**(Major premiss).
Joe, Middle East는 silly lover들임(Minor premiss).
그러므로 Joe, Middle East는 짖음(Conclusion).
이상은 쓰레기 같은 논리로 친일 매국노들의 과거를 정당화함으로써 부귀영화를
누리다가 이제는 역사의 뒤안길로 사라진 가짜 뉴스의 원조 Carr The Ra의
개소리를 반박하기 위한 삼단 논법?!
{**sy**llogism - 삼단 논법}

□ syllogistic

Silly **lo**ver들은 **지**저분한 **stick**으로 곧장 자연을 파괴한다(Major premiss).
Joe, Middle East는 silly lover들이다(Minor premiss).
그러므로 Joe, Middle East는 지저분한 stick으로 곧장 자연을
파괴한다(Conclusion).
쓰레기 같은 논리로 친일 매국노들의 과거를 정당화함으로써 부귀영화를
누리다가 이제는 역사의 뒤안길로 사라진 가짜 뉴스의 원조 Carr The Ra의
개소리를 반박하는 위의 세 문장은 삼단 논법적인가?!
{**sy**llo**gis**tic - 삼단 논법적인}

□ symbiosis

Simpson이 **비**가 **오**자 **sis**ter와 사랑을 나누는 것이 가지는 몇 가지 의미는 다음과 같다. (사람의) 협력, 공동생활, 공생(共生)?!
{symb**io**sis - 공생(共生)}

□ symbolic

Simpson이 **발**을 **lick**하는 것은 상징적인가?!
{symb**o**lic - 상징적인}

□ symmetrical

씨암탉과 **메추리**는 **컬**링을 기준으로 대칭적인가?!
{symm**e**trical - 대칭적인}

□ symmetry

씨암탉과 **머**저리는 **추리**를 기준으로 대칭?!
{s**y**mmetry - 대칭}

□ symphony

Simpson's **funny** symphony?!
{s**y**mphony - 교향곡}

□ symptom

Simpson이 **텀**블러를 사용하는 것은 긍정적인 증상?!
{s**y**mptom - 증상}

□ synagogue

Sinner들이 **가**만히 **그**리스도의 복음을 들은 유대교 회당?!
{s**y**nagogue - 유대교 회당}

☐ syncopation

Singer가 **커**피와 **pay**를 **shun**하는 것이 가지는 몇 가지 의미는 다음과 같다. 어중음(語中音) 소실, 당김음, 중략(中略)?!

{syncop**a**tion - 중략(中略)}

☐ synod

씨암탉과 **너**저분한 **드**라큘라는 사람들의 피를 빨아먹지만, 귀태가 나는 존재들이라고 규정한 딴 나라의 교회 회의?!

{s**y**nod - 교회 회의}

☐ synonym

씨암탉과 **너**저분한 **닙**프는 동의어?!

{s**y**nonym - 동의어}

☐ synthesis

Sin과 **Thurs**day와 **sis**ter의 결합이 가지는 의미는 다음과 같다. 종합, 통합, 합성?!

{s**y**nthesis - 합성}

☐ syphilis

Sister와 **Philip**이 **스**스럼없이 사랑을 나눈 결과는 매독?!

{s**y**philis - 매독}

☐ taboo

터부터 은밀한 거시기에 대한 이야기는 금기?!

{tab**oo** - 금기}

□ taciturn

태연한 **씨**암탉은 **turn**ing point에서조차 과묵한가?!

{**ta**citurn - 과묵한}

□ tactile

택시에서 **틀**니가 빠지는 것이 가지는 몇 가지 의미는 다음과 같다. 촉각의,
입체감의, 만져서 알 수 있는?!

{**ta**ctile - 만져서 알 수 있는}

□ talisman

Tell Liz Monday what she needs is a talisman?!

{**ta**lisman - (행운을 가져다준다고 여겨지는) 부적}

□ talon

Talented talon?!

{**ta**lon - (맹금의) 발톱}

□ tangibility

Ten's ability는 만져서 알 수 있음?!

{**ta**ngibility - 만져서 알 수 있음}

□ tangible

텐트를 **접**을 수 있음은 만져서 알 수 있는가?!

{**ta**ngible - 만져서 알 수 있는}

□ tantalize

텐트에서의 **털**과 **lies**(거짓말들) 이 모든 것들이 가지는 몇 가지 의미는 다음과
같다. 주는 체하고 안 주다, (보여 주거나 헛된 기대를 하게 하여) 감질나게 하다?!

{**ta**ntalize - (보여 주거나 헛된 기대를 하게 하여) 감질나게 하다}

□ tantrum

Tent에서 **럼**주를 마시다가 필연적으로 밖은 해가 졌으니 이제 모두 손을 잡고 큰집으로 가야 한다고 하자 눈이 찢어진 아이가 발끈 성질을 부림?!

{**ta**n**t**r**um** - (특히 아이가 발끈) 성질을 부림}

□ taunt

톤지(토인지) **트**림인지 알 수 없는 것이 가지는 몇 가지 의미는 다음과 같다. 비웃음, 조롱, 조롱하다, 비웃다?!

{**taunt** - 비웃다}

□ tautology

토하다가 **탈**진한 **l o ver**여! **지**저분하게 게우다가 기진맥진한 연인이여! 구역질하다가 지친 사랑하는 사람을 이처럼 약 올리는 유의어 반복?!

{**taut**o**l**ogy - 유의어 반복}

□ tawdry

토끼가 **드리**겠다고 용왕에게 약속한 간이 가지는 몇 가지 의미는 다음과 같다. 야한, 비속한, 값싸고 번지르르한?!

{**taw**dry - 값싸고 번지르르한}

□ tectonics

택시를 **타**고 **Nick**과 **스**님이 함께 공부한 구조 지질학?!

{**tect**o**nics** - 구조 지질학}

□ teleology

텔레비전과 **리**무진에 **알러지**가 있음에도 어떤 목적이 존재한다고 주장하는 목적론?!

{**tele**o**l**ogy - 목적론}

□ telepathy

털털한 **레**이디와 **퍼**덕거리는 **thi**ef 사이에 통하는 텔레파시?!
{tel**e**pathy - 텔레파시}

□ tenacity

터미네이터가 **내**시들의 **city**에서 불 알기를 우습게 알면서 보여준 킬러적인 집요함?!
{ten**a**city - 집요함}

□ tenet

Ten? **It** is in between nine and eleven! 이 사실이 가지는 몇 가지 의미는 다음과 같다. 교의(教義), (특히 집단의) 주의(主義)?!
{t**e**net - (특히 집단의) 주의(主義)}

□ tension

Tent와 **천**막 사이의 긴장?!
{t**e**nsion - 긴장}

□ tentacle

텐트와 **터**널이 **클**수록 따라서 커지는 거대 기관·시스템의 영향과 오징어·문어의 촉수?!
{t**e**ntacle - (오징어·문어 따위의) 촉수}

□ tepid

Terry의 **피**는 **드**라마틱하게 큐피드의 에로틱한 화살에 맞기 전까지는 미지근한가?!
{t**e**pid - 미지근한}

□ tergiversate

Terminal은 **집어**치우고 **say** "트림!"그리고 변절해?!

{tergiversate - 변절하다}

□ terrain

Terminal은 **rain**으로 인해 침수가 잦은 지형?!
{terrain - 지형}

□ terrify

테러리스트는 **fire**로 겁나게 하는가?!
{terrify - 겁나게 하다}

□ terse

Terminal에서 **스**님이 남긴 유언은 "버스는 버스요, 택시는 택시로다."처럼 간결한가?!
{terse - 간결한}

□ testicle

테스트로써 **T**팬티보다 **클** 수도 있음이 증명된 고환?!
{testicle - 고환}

□ thaw

Thought만으로 눈·서리·얼음이 녹고, 날씨가 풀리고, 냉동식품이 해동되고, 얼었던 몸이 차차 녹고, 감정·태도가 누그러지니 결국 해빙기?!
{thaw - 해빙기}

□ theologian

Theater에서 **alo**ne **전**라로 기도한 신학자?!
{theologian - 신학자}

□ theology

Thief가 **알러지**(allergy)를 치료하기 위해 공부한 신학?!

{the**o**logy - 신학}

□ **thermometer**

Thursday에 **mom**이 **ter**minal에서 구입한 온도계?!
{therm**o**meter - 온도계}

□ **thesis**

Thief와 **sis**ter의 결합이 가지는 몇 가지 의미는 다음과 같다. 논제, (졸업·학위)
논문?!
{th**e**sis - (졸업·학위) 논문}

□ **thomism**

톰에게 **잊음**이란 결코 있을 수 없는 토마스 아퀴나스(Thomas Aquinas)의
신학·철학설?!
{Th**o**mism - 토마스 아퀴나스(Thomas Aquinas)의 신학·철학설}

□ **thoracic**

Thoughtful **ra**bbit **sick** of everything thoracic?!
{thor**a**cic - 흉부의}

□ **thorough**

Thursday에도 **Ro**meo와 Juliet의 사랑은 철저한가?!
{th**o**rough - 철저한}

□ **thrall**

Three **롤**빵으로 자유를 획득한 노예?!
{thrall - 노예}

□ **thralldom**

Three **롤**빵으로 **덤**덤하게 벗어난 노예의 신분?!

{thralldom - 노예의 신분}

□ thug

떡으로 검사를 매수하려다가 떡은 물론이고 졸지에 자신의 성까지 상납하게 된 폭력배?!

{thug - 폭력배}

□ thwart

Three **war**mongers를 **트**럼프가 좌절시키는가?!

{thwart - (사람·계획·목적 등을) 좌절시키다}

□ timid

Tim이 드라큘라 앞에서는 의외로 소심한가?!

{timid - 소심한}

□ tinder

Teen들의 **더**럽게 뜨거운 불장난에 사용되는 것은 바로 불이 잘 붙는 물건?!

{tinder - 불이 잘 붙는 물건}

□ toady

Toe로 **Di**ck을 즐겁게 하는 자가 가지는 몇 가지 의미는 다음과 같다. 아첨하다, 알랑거리다, 알랑쇠, 아첨꾼?!

{toady - 아첨꾼}

□ tongue

텅 빈 세계에서 거짓말로 어리석은 인간들을 놀리는 세 치 혀?!

{tongue - 혀}

□ torpedo

토끼처럼 **피도** 안 마른 어린 자식들이 개죽음을 당하게 만든 이란 국적의

MB(Bachelor of Medicine)가 제조한 가짜 어뢰?!
{torpedo - 어뢰}

□ torrid

토끼와 **Ri**chard가 **드**라마틱한 경주를 한낮에 벌이는 것이 가지는 몇 가지 의미는 다음과 같다. (햇볕에) 탄, 바짝 마른, 몹시 힘든, 열정적인, 열렬한?!
{torrid - 열렬한}

□ torture

토끼를 **쳐**서 거북이와의 경주에서조차 질 정도로 고문하는가?!
{torture - 고문하다}

□ totter

타지의 **ter**minal에서 술에 취한 자가 가지는 몇 가지 의미는 다음과 같다. 비틀거림, 기우뚱거림, (건물 따위가) 기우뚱거리다, 비틀거리다?!
{totter - 비틀거리다}

□ tout

타산적인 **우**방이 **트**럼프 카드 한 장으로 제작한 핵우산에 대해 천문학적인 돈을 요구하는 것이 가지는 몇 가지 의미는 다음과 같다. 암표상, 과장해서 선전하다, 호객 행위를 하다, (사람들을 설득하기 위해) 장점을 내세우다, 끈덕지게 권하다, 극구 칭찬하다, 암표를 팔다, 강매하다?!
{tout - 강매하다}

□ toxicity

탁상연설의 **씨**암탉은 **city**에서나 시골에서나 어디에서나 그 성질이 유독성?!
{toxicity - 유독성}

□ trance

트랜스젠더와의 첫날밤이 가지는 몇 가지 의미는 다음과 같다. 황홀, 무아지경,

비몽사몽?!

{trance - 비몽사몽}

□ transcendental

트랜스젠더가 **cen**ter에서 **den**tist에게 **틀**니를 해 박으라고 조언하는 것이 가지는 몇 가지 의미는 다음과 같다. 초월적인 것, 이해할 수 없는, 초자연적인, 선험적인, 초월적인?!

{transcend**e**ntal - 초월적인}

□ transgress

트랜스젠더와 **그 res**taurant의 결합이 가지는 몇 가지 의미는 다음과 같다. (한계를) 넘다, 범하다, (법률·계율 등을) 어기다?!

{transgr**e**ss - (법률·계율 등을) 어기다}

□ transparent

트랜스젠더와 **parent**의 결합이 가지는 몇 가지 의미는 다음과 같다. 명료한, 솔직한, (변명·거짓말 등이) 빤히 들여다보이는, (유리·플라스틱 등이) 투명한?!

{transp**a**rent - (유리·플라스틱 등이) 투명한}

□ transpire

트랜스젠더가 **파이**를 **어**머니와 함께 굽는다는 사실이 가지는 몇 가지 의미는 다음과 같다. (식물·나뭇잎이) 증산(蒸散)하다, (일이) 일어나다, 발생하다?!

{transp**i**re - 발생하다}

□ trapezoid

Trash를 **피**나게 **조이**는 **드**라큘라와 닮은 사다리꼴?!

{tr**a**pezoid - 사다리꼴}

□ travesty

Traveler가 **버스**에서 **T**팬티를 입는 것이 가지는 몇 가지 의미는 다음과 같다.

변장시키다, 희화화하다, 졸렬한 모조품, 졸렬한 모방, (이성(異性) 차림의) 변장?!

{tra**v**esty - (이성(異性) 차림의) 변장}

□ treacherous

Trash를 **처**리하는 **러**시아 **스**님이 사이비라는 사실이 가지는 몇 가지 의미는 다음과 같다. (겉보기와 달리) 위험한, 기만적인, 배반하는, 방심할 수 없는, 신뢰할 수 없는?!

{**trea**cherous - 신뢰할 수 없는}

□ treason

추악한 **reason**을 들면서 더러운 과거를 정당화하려는 매국노들의 행위는 기껏해야 반역?!

{**trea**son - 반역}

□ treatise

'**Tree**와 **티스**푼의 관계'에 대한 논문?!

{**trea**tise - 논문}

□ treaty

Tree와 **T**팬티가 맺은 조약?!

{**trea**ty - 조약}

□ tremendous

Tree는 **men**의 **dus**t에도 문제없으니 이 얼마나 굉장한가?!

{trem**e**ndous - 굉장한}

□ trepidation

출애굽기(Exodus)를 **피**하고 **day**를 **shun**하는 어둠의 자식들이 보이는 몇 가지 증상은 다음과 같다. (손발의) 떨림, 불안, (미래에 대한 굉장한) 두려움?!

{trepid**a**tion - (미래에 대한 굉장한) 두려움}

278

□ trigonometry

추리하는 **거**지가 **나머**지 **추리** 소설을 읽고 이해한 삼각법?!

{trigon**o**metry - 삼각법}

□ trinity

Tree와 **너**구리와 **T**팬티는 웃긴 짬뽕을 위한 삼위일체?!

{tr**i**nity - 삼위일체}

□ trite

Try와 **트**라이앵글의 결합이 가지는 몇 가지 의미는 다음과 같다. 흔해 빠진, 케케묵은, 진부한?!

{tr**i**te - 진부한}

□ triumph

Try가 **엄**마의 **friend**에게 가지는 몇 가지 의미는 다음과 같다. 업적, 개가, 개선식, 대성공, 의기양양한 표정, 승리?!

{tr**i**umph - 승리}

□ triumphant

Try와 **엄**마의 **fun trip**이 가지는 몇 가지 의미는 다음과 같다. 의기양양한, 승리를 거둔?!

{tr**iu**mphant - 승리를 거둔}

□ truculent

Truck으로 **쿨**렉스모기가 **런**던에서 **트**랜스젠더를 친 사건이 가지는 몇 가지 의미는 다음과 같다. 파괴력이 있는, 공격적인, 호전적인, 반항적인?!

{tr**u**culent - 반항적인}

□ truism

Truth는 **잊음**을 강요하는 자들에 의해서가 아니라 영원히 기억함을 잊지 않는 자들에 의해서 지켜지는 것이라는 사실이 가지는 몇 가지 의미는 다음과 같다.
뻔한 소리, 진부한 문구, 자명한 이치?!

{tr**ui**sm - 자명한 이치}

□ turgid

터지자마자 **드**라큘라가 '피의 역사'에 대해 떠들기 시작하는 것이 가지는 몇 가지
의미는 다음과 같다. (말·글 따위가) 복잡하고 따분한, 이해하기 힘든, 허풍을 떠는,
과장된, (물이) 불어난, 부어오른?!

{t**ur**gid - 부어오른}

□ turmoil

Terminal에서 **모일** 때마다 발생하는 혼란?!

{t**ur**moil - 혼란}

□ tyranny

T팬티에 **runny** nose를 닦는 자의 폭정?!

{t**yr**anny - 폭정}

□ tyrant

Tiger와 **run**하다가 **트**랙에서 자빠지는 바람에 호랑이에게 잡아먹힌
내로라하는 폭군?!

{t**yr**ant - 폭군}

□ tyro

타이로 여행을 떠나는 자가 가지는 몇 가지 의미는 다음과 같다. 신참, 초심자,
초보자?!

{t**yr**o - 초보자}

□ ulcer

얼간이에게 **ser**vice로 주어진 궤양?!
{**ul**cer - 궤양}

□ ulterior

얼간이의 **T**팬티가 **rear**(뒤)에서 잘 보이지 않는다는 사실이 가지는 몇 가지 의미는 다음과 같다. 장래의, 저쪽의, 표면에 나타나지 않는, 숨은?!
{**ul**t**e**rior - 숨은}

□ umbrage

엄마에게 **bridge**에서 투신자살하는 사람들을 양산하는 사회가 가지는 몇 가지 의미는 다음과 같다. (그늘을 이루는) 무성한 잎, 그림자, 그늘, 분하게 여김, 노여움, 분개, 불쾌?!
{**um**brage - 불쾌}

□ umpteen

엄청나게 **p**retty **teen**은 아주 많은가?!
{**um**p**teen** - 아주 많은}

□ unavoidable

언어에서 **보이**는 **double** meaning은 피할 수 없는가?!
{una**vo**idable - 피할 수 없는}

□ unbelievable

언년이가 **Billy**와 **법을** 어기고 부적절한 관계를 가진 적이 없다는 것은 믿을 수 없는가?!
{unbel**ie**vable - 믿을 수 없는}

□ undaunted

언년이가 **돈**이면 **T**팬티조차 **드**라마틱하게 벗을 수 있다고 밝힌 것이 가지는 몇 가지 의미는 다음과 같다. 기가 꺾이지 않는, 흔들림 없는, 서슴지 않는, 겁내지 않는?!

{und**au**nted - 겁내지 않는}

□ undulation

언년이라는 **줄**광대가 **lady**를 **shun**하는 척하다가 그다음엔 입에 침도 안 바른 밀애(密愛)의 똥통에 빠졌다가 결국은 똥파리들과 함께 끈적거리는 자한(自汗) 증상을 보이는 것이 가지는 몇 가지 의미는 다음과 같다. 굽이침, 기복, 파동?!

{undul**a**tion - 파동}

□ unprecedented

언년이가 **pre**sident인지 **씨**암탉인지 **dent**ist인지 **드**라큘라인지 도무지 알 수가 없는 당년(當年)의 창조적인 현상은 과연 전례가 없는가?!

{unpr**e**cedented - 전례가 없는}

□ unrivaled

언년이의 **rival**로는 **드**라큘라와 뱀파이어가 있지만 그 외에는 경쟁자가 없는가?!

{unr**i**valed - 경쟁자가 없는}

□ unscrupulous

언년이도 **스크루**지처럼 **퓰**리처상과 **love**making을 **스**스럼없이 즐긴다는 사실이 가지는 몇 가지 의미는 다음과 같다. 악랄한, 무원칙한, 부도덕한, 파렴치한?!

{unscr**u**pulous - 파렴치한}

□ untenable

언년이가 **테**너와 **블**루스를 추는 일은 옹호할 수 없는가?!

{unt**e**nable - 옹호할 수 없는}

□ urbane

어머니에게 **베인** 남자가 가지는 몇 가지 의미는 다음과 같다. 품위 있는, 도시풍의, 점잖은, (특히 남자가) 세련된?!

{urb**a**ne - (특히 남자가) 세련된}

□ urchin

Earth에 **친**구를 찾아 철새들의 이동을 이용해서 날아온 어린 왕자가 바다에서 본 것은 이 성게와 개구쟁이?!

{**ur**chin - 개구쟁이}

□ urinal

유리와 **널**빤지로 만든 소변기?!

{**u**rinal - 소변기}

□ urn

언젠가는 우리의 유골이 담길 항아리?!

{**urn** - (유골을 담는) 항아리}

□ urology

U랄까, **lo**ver의 **지**랄이랄까, 뭔가 지린내가 나는 비뇨기학?!

{ur**o**logy - 비뇨기학}

□ urticaria

얼간이처럼 **T**팬티를 **care**하던 **Ri**chard **아**재가 병역면제를 받자마자 짜고 치는 고스톱처럼 사라진 황당한 두드러기?!

{urtic**a**ria - 두드러기}

□ usurp

User가 **p**rince 아버지의 **ID**를 빼앗는 것이 가지는 몇 가지 의미는 다음과 같다. 찬탈하다, 강탈하다, 횡령하다, (권력·지위 따위를) 빼앗다?!

{us**u**rp - (권력·지위 따위를) 빼앗다}

□ **utensil**

유령이 **텐**트에서 **쓸** 물건이 가지는 몇 가지 의미는 다음과 같다. 남에게 이용당하는 사람, 유용한 사람, (교회용) 기구, (주방의) 기구?!

{ut**e**nsil - (주방의) 기구}

□ **utter**

얼어붙은 달그림자처럼 어둠은 완전한가?!

{**ut**ter - 완전한}

□ **uxorious**

억 소리가 **어스**름한 저녁에 새어 나오는 자는 애처가인가?!

{ux**o**rious - 애처가인}

□ **vagabond**

배신의 **거**리에서 **반드**시 만나게 되는 방랑자?!

{v**a**gabond - 방랑자}

□ **vagina**

버러지들이 **자**지로써 **이 나**라의 허접한 법을 비웃으면서 보란 듯이 유린한 여성의 질?!

{vag**i**na - 질}

□ **vague**

Baby가 **그**렇게 우는 이유는 분명치 않고 애매한가?!

{v**a**gue - 애매한}

□ valedictorian

Valley의 **lover Dick**은 **토리**노에서 **언**젠가 졸업식에서 고별사를 읽었던 학생?!

{valedict**o**rian - (졸업식에서) 고별사를 읽는 학생}

□ validity

벌리면 **더**러운 **T**팬티가 보이니까 벌리면 안 된다는 주장이 가지는 몇 가지 의미는 다음과 같다. 정당성, 타당성, 유효성?!

{val**i**dity - 유효성}

□ vanish

베니스에서 **쉬**하던 상인의 물건이 사라지는가?!

{v**a**nish - 사라지다}

□ vapid

베트남에서 **pig**와 **드**라큘라가 정상적으로 만났다는 사실이 가지는 몇 가지 의미는 다음과 같다. 활기 없는, 재미없는, 지루한, 맛없는, 김빠진?!

{v**a**pid - 김빠진}

□ vault

볼수록 **트**림이 나는 둥근 천장?!

{vault - 둥근 천장}

□ veer

비너스는 **어**린 큐피드를 태우고 차를 몰다가 갑자기 방향을 바꾸는가?!

{veer - 방향을 바꾸다}

□ vein

베인 곳이 하필 정맥?!

{vein - 정맥}

□ **venereal**

뻐러지에게 **니**체는 **real** problem이 가지는 몇 가지 의미는 다음과 같다고 했다. 성적 쾌락의, 성교에 의한?!

{ven<u>e</u>real - 성교에 의한}

□ **vengeance**

뺀댕이의 **전**설적이고도 **스**스럼없는 복수?!

{v<u>e</u>ngeance - 복수}

□ **venom**

베토벤이 **넘**어지자 뱀의 이빨에서 운명적으로 흘러나온 독액?!

{v<u>e</u>nom - 독액}

□ **ventriloquy**

뺀쿠버(Vancouver)에서 **추릴** **lover**의 **퀴**즈의 정답은 복화술?!

{ventr<u>i</u>loquy - 복화술}

□ **verbatim**

뻐러지들과 **ba**by들이 **팀**을 이루어 자유롭게 똥을 바른 밀애(密愛)를 공공연히 나누는 것이 가지는 몇 가지 의미는 다음과 같다. 축어적 보고, 축어적으로, 정확히 말 그대로?!

{verb<u>a</u>tim - 정확히 말 그대로}

□ **verbose**

뻐러지들의 **보스**가 자신에게서 확인된 희극적인 병명의 개수가 십계명의 개수와 거의 맞먹는다면서 보석을 신청한 사실이 가지는 몇 가지 의미는 다음과 같다. 장황한, 말이 많은?!

{verb<u>o</u>se - 말이 많은}

□ verdant

Virgin이 **튼**든한 **트**레이너에게 가지는 몇 가지 의미는 다음과 같다. 신록의, 미숙한, 순진한, 경험 없는, 파릇파릇한?!

{v**er**dant - 파릇파릇한}

□ verdict

버러지처럼 **Dick**이 **트**림하면서 발표한 배심원단의 평결?!

{v**er**dict - (배심원단의) 평결}

□ vermin

범인은 초강력 살충제로 제거해야 할 해충?!

{v**er**min - 해충}

□ vernacular

버러지들과 **내**시들이 **큘**렉스모기와 **lo**vemaking을 즐긴다는 사실이 가지는 몇 가지 의미는 다음과 같다. 일상어, 사투리, 토착어, (어떤 직업의) 전문어, 통속어, 욕지거리, 저속한 말, 자국어?!

{v**erna**cular - 자국어}

□ vernal

Verb가 **늘** 동사하지는 않는 따뜻한 계절이 가지는 몇 가지 의미는 다음과 같다. 봄 같은, 청춘의, 젊은, 봄의?!

{v**er**nal - 봄의}

□ versatile

버러지를 **써**레몽둥이로 **틀**림없이 제거하는 자가 가지는 몇 가지 의미는 다음과 같다. 다용도의, 다재다능한?!

{v**er**satile - 다재다능한}

☐ **vertigo**

버티고 있기엔 너무 심한 현기증?!

{v<u>e</u>rtigo - 현기증}

☐ **vestige**

Vest(조끼)와 **T**팬티의 **지**저분한 결합이 가지는 몇 가지 의미는 다음과 같다. 아주 조금, 흔적 기관, 흔적, 형적, 자취?!

{v<u>e</u>stige - 자취}

☐ **vice versa**

바람둥이가 **이 씨**라면 **bir**d는 **싸**움닭이다. 잔머리를 굴려 봐야 그 역 또한 같음?!

{v<u>i</u>ce v<u>e</u>rsa - 역(逆) 또한 같음}

☐ **vicious circle**

비너스가 **셔**츠를 **스**스럼없이 **circle**에서 벗자마자 시작된 악순환?!

{v<u>i</u>cious c<u>i</u>rcle - 악순환}

☐ **victim**

Victoria와 **Tim**은 금지된 사랑의 희생자?!

{v<u>i</u>ctim - 희생자}

☐ **victual**

비너스가 **틀**니로 에로틱하게 씹어서 큐피드의 입에 넣어 주는 것이 가지는 몇 가지 의미는 다음과 같다. 식량을 공급하다, 양식, 음식?!

{v<u>i</u>ctual - 음식}

☐ **vigorous**

비너스와 **걸어**가는 **스**님은 활발하고 원기 왕성한가?!

{v<u>i</u>gorous - 원기 왕성한}

□ vile

바보들이 "**일**왕 만세!"를 외치면서 개처럼 짖는다는 사실이 가지는 몇 가지 의미는 다음과 같다. 절대 용납할 수 없는, (감각적으로) 혐오할 만한, 수치스러운, 상스러운, 비열한, 지독한, 천한, 극도로 불쾌한?!

{vile - 극도로 불쾌한}

□ vilify

빌리지(village)를 **fire**로써 붉게 빛나는 불바다로 만들어서 무고한 사람들을 죽인 자들이 사실 그 불은 피해자들의 불장난 때문에 발생한 것이라고 개소리하는 것이 가지는 몇 가지 의미는 다음과 같다. 헐뜯다, 중상하다, 비방하다?!

{vilify - 비방하다}

□ villain

빌어먹을 **런**던은 brag, shit로 사람들을 괴롭히는 악당?!

{villain - 악당}

□ vindicate

Vincent는 **Dick**과 **Kate**가 별이 빛나는 밤에 사랑을 나누자 그들을 변호하면서 그들의 무죄를 입증하는가?!

{vindicate - (혐의를 받는 사람의) 무죄를 입증하다}

□ vineyard

비녀에 **드**라큘라의 목이 찔리는 바람에 나온 피로 붉게 물든 포도밭?!

{vineyard - 포도밭}

□ violate

Violin을 **late** night에 연주함으로써 층간소음 방지법을 위반하는가?!

{violate - 위반하다}

□ virility

버릴 **lover**의 **T**팬티를 대신 입는 행위가 가지는 몇 가지 의미는 다음과 같다. 남자다움, (남자가) 한창때임, 정력, (남성의) 생식 능력?!

{vir**i**lity - (남성의) 생식 능력}

□ virtue

버러지들의 **추**악함을 안다면 초강력 살충제로 제거하는 것이 진정한 미덕?!

{v**ir**tue - 미덕}

□ viscosity

비너스와 **스**님이 **car**로 **city** 곳곳을 누비면서 사랑을 나누는 것이 가지는 몇 가지 의미는 다음과 같다. (액체의) 점도, 점성?!

{visc**o**sity - 점성}

□ viscous

비너스와 **스**스럼없이 **커**지는 **스**님의 결합이 가지는 몇 가지 의미는 다음과 같다. 점성의, 들러붙는, 끈적이는?!

{v**i**scous - 끈적이는}

□ vitiate

비열하게 **쉬**쉬거리는 **eight**een newspapers와 방송사들이 사회의 발전에 대해 가지는 몇 가지 의미는 다음과 같다. 가치를 떨어뜨리다, 나쁘게 하다, 무효로 하다, 타락시키다, (공기를) 오염시키다, 더럽히다, 손상하다, 해치다, 망치다?!

{v**i**tiate - 망치다}

□ vitriol

빛으로 **real** darkness를 몰아내는 것이 가지는 몇 가지 의미는 다음과 같다. 황산으로 처리하다, 신랄한 비평, 통렬한 비꼼, 독설?!

{v**i**triol - 독설}

□ vituperation

Vice-president와 **two per**sons가 **ra**ce를 **shun**하자 혼자서 race를 하게 된 president가 노발대발한 것이 가지는 몇 가지 의미는 다음과 같다. 욕설, 독설, 질책, 혹평?!

{vituper**a**tion - 혹평}

□ volatile

발작적인 **lo**ver들이 **틀**림없이 사랑이라고 믿었던 것이 사실 호르몬의 장난이었음이 가지는 몇 가지 의미는 다음과 같다. 덧없는, (상황이 금방이라도 급변할 듯이) 불안한, 변덕스러운, 변하기 쉬운, 폭발하기 쉬운, 휘발성의?!

{v**o**latile - 휘발성의}

□ volition

별리기를 **shun**하는 것이 가지는 몇 가지 의미는 다음과 같다. 결의, 의욕, 의지?!

{vol**i**tion - 의지}

□ voluminous

별거숭이들로 **룸이 너**저분하지만 **스**님까지 그 방에 들어갈 수 있다는 사실이 가지는 몇 가지 의미는 다음과 같다. 부피가 큰, (옷이) 아주 큰, 장광설의, (책이) 여러 권으로 된, 다작(多作)의, 방대한?!

{vol**u**minous - 방대한}

□ vomit

바른 **미**친개들이 **트**집을 부리고 자한(自汗)에도 당당한 개들이 누리면서 여기저기 입으로 똥을 싸니 역겨워진 사람들은 토하는가?!

{v**o**mit - 토하다}

□ votary

보라! **털이**라면 음모조차도 술에 타서 마시는 저 털털한 숭배자를?!

{v**o**tary - 숭배자}

□ voyage

보이지 않는 세계로의 긴 여행?!

{v**oy**age - 여행}

□ vulgar

벌거벗기는 것을 즐기는 자들이 가지는 몇 가지 의미는 다음과 같다. 통속적인, 상스러운, 천박한, 음탕한, 저속한?!

{v**ul**gar - 저속한}

□ vulnerable

벌렁거리는 **너**구리는 **러**시아 **블**루스에 취약한가?!

{v**ul**nerable - 취약한}

□ vulture

벌을 **쳐**서 기절시킨 다음 단물을 빨아먹은 독수리?!

{v**ul**ture - 독수리}

□ waive

왜 Eve는 Adam과 함께 에덴에서 행복하게 살 권리를 포기하는가?!

{waive - (권리·요구 따위를) 포기하다}

□ wane

왜인(倭人)은 오직 양키 앞에서만 한없이 작아지는가?!

{wane - 작아지다}

□ wanton

완전 **튼**튼한 남자의 체취를 맡자마자 콧구멍을 벌렁벌렁하는 여자가 가지는 몇 가지 의미는 다음과 같다. 화냥년, 음란한 여자, 낭비하다, 들떠서 날뛰다, 방종하게 지내다, 무성하게 자라다, 무질서하게 우거진, (이 남자 저 남자와) 마구 놀아나는, 고의적인, 악의적인, 음탕한?!

{w**a**nton - 음탕한}

□ warmonger

"**War**!"**멍**멍이처럼 **거**짓말로 국민을 속이면서 적이 쳐들어오면 속전속결로 승리할 수 있다고 개소리하다가 막상 전쟁이 터지자 국민은 피난도 못 가게 다리를 끊고 제일 먼저 도망친 어리석은 그 남자를 본받아 반세기가 넘는 세월 동안 전쟁의 공포를 이용해 국민의 피를 빨아먹다가 또다시 전쟁이 터지면 제일 먼저 도망칠 친일 매국노들은 하나같이 추악한 전쟁 도발자?!

{w**a**rmonger - 전쟁 도발자}

□ wart

War에서 **트**림하자마자 피부에 생긴 사마귀?!

{w**a**rt - 사마귀}

□ watershed

Watergate에서 **chef**가 **드**라큘라의 피를 빨아먹다 들킨 일은 이른바 'muck 빵'의 분수령?!

{w**a**tershed - 분수령}

□ weary

위선자들이 **어리**석게도 왜구의 충견처럼 나불거리면서 자위 대신에 수음을 즐기는 한편 "아, 배야!"하면서 대변인지 똥인지를 입으로 배설하는 상습적인 만행을 저지르는 것이 국민에게 가지는 몇 가지 의미는 다음과 같다. 피곤하게 하다, 지치게 하다, 싫증나다, 피곤하게 하는, 지치게 하는, 싫증 난, 피곤한, (몹시) 지친?!

{w**e**ary - (몹시) 지친}

□ weasel

위에서 **즐**겁게 쿵쿵거리자 이 아파트에서도 부실공사로 인한 층간소음이 발생했다고 밀고한 족제비?!

{w**ea**sel - 족제비}

□ wedlock

웨이터가 **들락**거리는 레스토랑에서의 맛있는 결혼 생활?!

{w**e**dlock - 결혼 생활}

□ wet dream

Wet(액체) **dream**s of a wet dream?!

{wet dream - 몽정}

□ whet

왜구들의 **트**집이 배고픈 푸틴에게 가지는 몇 가지 의미는 다음과 같다. 식욕을 돋우는 것, 자극, 연마, 갊, (칼 따위를) 갈다, 돋우다, (식욕·욕구·흥미 따위를) 자극하다?!

{whet - (식욕·욕구·흥미 따위를) 자극하다}

□ whine

와인을 마시자마자 우는소리를 하는가?!

{whine - 우는소리를 하다}

□ whittle

위선자들이 **틀**림없이 고갈될 수밖에 없는 연금에 대해 일상적으로 하는 거짓말이 가지는 몇 가지 의미는 다음과 같다. 조금씩 줄이다, 삭감하다, 수술하다, (나무를) 조금씩 깎다?!

{wh**i**ttle - (나무를) 조금씩 깎다}

□ whore

호색한과 **어**울리는 매춘부?!

{whore - 매춘부}

□ wield

Will은 **드**라큘라처럼 권력과 무력을 휘두르는가?!

{wield - (권력·무력 따위를) 휘두르다}

□ willow

Will로 자유롭게 바람에 흔들리는 버드나무?!

{willow - 버드나무}

□ winnow

We know how to winnow?!

{winnow - (곡식에서 쭉정이 등을 가려내려고) 까부르다}

□ wither

위대한 **더**위가 꽃들에 대해 가지는 몇 가지 의미는 다음과 같다. 말라 죽다, 쇠퇴하다, 시들다?!

{wither - 시들다}

□ witness

윗사람이 **니스**를 칠하다가 놀고 있는 아랫사람을 목격하는가?!

{witness - 목격하다}

□ womanizer

Woman의 **나**체를 **잊어**버린 적이 없는 오입쟁이?!

{womanizer - 오입쟁이}

□ **womb**

자궁이 그리워서 아기는 **욹**?!

{womb - 자궁}

□ **wonky**

왕이 **키**우는 개들은 하나같이 권력에 취해서 비틀비틀하는가?!

{w**o**nky - 비틀비틀하는}

□ **writ**

Written test의 답안지를 숙명적으로 빼돌린 자에 대해 발부된 법원의 영장?!

{writ - 영장}

□ **wry**

Right를 wrong이라고 우기는 자들이 가지는 몇 가지 의미는 다음과 같다. 옆으로 굽은, 비틀어진, 일그러진, 심술궂은, 풍자적인, 찌푸린, 뒤틀린, 비꼬는?!

{wry - 비꼬는}

□ **xenophobia**

제도의 **너**저분함으로 **fo**reigner들이 **비**정상적으로 **아**주 대놓고 떼거지처럼 들이닥치자 여기저기에서 생긴 외국인 혐오?!

{xenoph**o**bia - 외국인 혐오}

□ **Xerxes**

Jerk **sees** Xerxes?!

{**X**erxes - 크세르크세스}

□ Yemeni

예멘 사람에게 물었다. "여기 온 목적이 혹시 돈입니까?"그가 대답했다. "**예**,
money?!"
{Yemeni - 예멘 사람}

□ yield

일본산 **드**라큘라가 미국산 뱀파이어의 핵 이빨에 물리자마자 무조건적인 항복을
선언하는 것이 가지는 몇 가지 의미는 다음과 같다. (농작물 등의) 수확, (투자에
대한) 수익, 산출하다, 양도하다, 양보하다, (압력 때문에) 휘어지다, 굴복하다?!
{yield - 굴복하다}

□ zenith

제니가 **th**reesome으로써 저 높이 올라갔다는 사실이 가지는 몇 가지 의미는
다음과 같다. (성공·힘 등의) 정점, 절정, 천정(天頂)?!
{zenith - 천정(天頂)}

□ Zeus

주스로 사랑에 목마른 여신들의 마음을 사로잡은 바람둥이 제우스?!
{Zeus - 제우스}

□ zillion

질리도록 **언**제까지나 커지는 엄청난 수?!
{zillion - 엄청난 수}

□ **zit**

여드름을 짜는 것은 바보 같은 **짓**?!

{zit - 여드름}

□ **zodiac**

조년과 **Dick**의 **액**체 교환이 가지는 몇 가지 의미는 다음과 같다. 12궁도, 황도대?!

{zodiac - 황도대}